江恩空间与市场几何学

黄栢中 著

地震出版社
Seismological Press

图书在版编目（CIP）数据
江恩空间与市场几何学 / 黄栢中著 .—北京：地震出版社，2016.6
ISBN 978-7-5028-4700-5
Ⅰ.①江… Ⅱ.①黄… Ⅲ.①证券投资—研究 Ⅳ.① F830.91
中国版本图书馆 CIP 数据核字（2015）第 271079 号

地震版 XM3678
著作权合同登记 图字：01-2014-5397
繁体字原版作者：黄栢中
2011 年香港经济日报出版社

江恩空间与市场几何学
黄栢中 著
责任编辑：朱 叶
责任校对：孔景宽

出版发行：地震出版社
北京市海淀区民族大学南路 9 号 邮编：100081
发行部：68423031 68467993 传真：88421706
门市部：68467991 传真：68467991
总编室：68462709 68423029 传真：68455221
证券图书事业部：68426052 68470332
http：//www.dzpress.com.cn
E-mail：zqbj68426052@163.com
经销：全国各地新华书店
印刷：三河市嵩川印刷有限公司

版（印）次：2016 年 6 月第一版 2016 年 6 月第一次印刷
开本：710×1000 1/16
字数：177 千字
印张：10.5
书号：ISBN 978-7-5028-4700-5/F（5395）
定价：30.00 元

序

人类文明发展至今日，最令人难以掌握的莫过于“市场”，其复杂的现象至今仍难以完全解释。不过，若将金融市场的一切还原，我们可以得到的却是最简单的0 ~ 9这几个数字，除此之外，一无所有。

一代宗师威廉·江恩，在介绍他的市场理论时，将读者的注意力指向了数学及几何学，他指出：“圆形的360°，与9个数字，是所有数学的根源。在一个圆形里面，可设置一个四方形及三角形，但在其内，又可设置四方形及圆形，而在其外，亦同样可设置一个四方形及圆形，上述证明了市场运行的四个面向。”

所谓市场运行的四个面向是指：时间、价位、空间及成交量。他认为分析者只要通过圆形的角度分析以及对9个数字在市场走势方面的应用，将可以作出对未来市场走势的预测。

无独有偶，波浪理论鼻祖艾略特（R.N.Elliott）在首次公开其理论发现时，亦以数字与几何学的关系为开始。

艾略特于1934年向美国分析家查理士·哥连斯首次介绍波浪理论时，他在信中发表了对金融市场的看法：“市场如一条河流，它有既定宽度的边界，有时为障碍所限，有时突然冲破障碍。当河道收窄时，河流的速度增加，相反亦然，它按障碍及阻力而弯曲流动。”对于数字，艾略特有他特别的见解，艾略特进一步表示：360°可不断除以2，产生出的数字中各数位可以相加成9或9的倍数：

360 ÷ 2=180；1+8+0=9

180 ÷ 2=90；9+0=9

90 ÷ 2=45；4+5=9

45 ÷ 2=22.5；2+2+5=9

22.5 ÷ 2=11.25； 1+1+2+5=9

11.25 ÷ 2=5.625； 5+6+2+5=18； 1+8 ＝ 9

如此类推。

每一个度数是由 60 分组成，而每一分亦由 60 秒组成。一个圆可分为 6 等份，即 60° 、120° 、180° 、240° 、300° 及 360° 。上述每一个数字的数位相加可得出 9 或 3 的倍数。

一个圆形（按巴比伦人的解释）可分为四等份或四个季节。由 0 ~ 90，90 ~ 180，180 ~ 270 及 270 ~ 360。这些数字的数位相加都是 9。若将圆形再以八等份划分，可得 0、45、90、135、180、225、270、315 及 360；数字的数位相加亦得出 9。

一个四方形的第一条线是 1 ~ 90，引出一个逆转，即四方形的第二条线——90 ~ 180。当 4 条线完成后，第 5 浪预测一个完整的逆转，亦即所有东西围绕的中心。

所有生命及活动皆存在波动，股市也不例外。

由以上两位宗师的论述可见，几何与数字对于分析市场走势处于中心的位置。

在图表分析的领域里面，传统角度极为看重“形态”方面的分析，将这种分析技巧发挥到淋漓尽致的，可以说是首倡波浪理论的艾略特将市场所有的发展形态归纳为“五个推动浪、三个调整浪”，为投资者提供了一种有力的市场预测方法。

江恩的方法别树一帜，他认为，在众多市场因素之中，时间周期极为重要，必须运行足够的时间，才会出现转势。

尽管上面两种理论着重点不同，但两者其实都将市场的价位及时间分析置于最为重要的位置，其原因很简单：只有利用数学上的分析，市场预测才能达到精确的程度。

事实上，江恩率先打破了时间与价位的界限，他认为：

第一，市场趋势的时间与价位，存在着数学及几何的关系，并非互不相干。

第二，市场趋势的时间、价位、空间可以互相转化，分析者可利用三角形、四方形、矩形以至圆形的几何学方法，来预测未来走势的转折点。

第三，金融市场的时间及价位，事实上只是市场活动的坐标，两者只是描述同一活动的不同数量的尺度，两者是合二为一的整体。因此，我们必须将时间与价位整合，以第三维度的空间作为分析的基础。

上述理论尽管抽象难懂，但投资者只要在图表分析上尝试加以应用，将会慢慢发现，江恩的市场几何学在金融走势上所起的巨大作用。

几何学源远流长，是人类文化发展的基础，在某种程度上，更是人类诠释宇宙客观规律的一套学问。它相当奇妙，我们的研究证明，大自然所存在的几何关系，在金融市场的时间、价位分析上，同样有着深远的影响；换言之，投资者在金融市场的买卖行为，最终离不开数学与几何的法则。本书希望探讨金融市场所隐含的数学与几何结构，从而揭示市场分析的另一侧面。

黄栢中

目　录

第一章

论市场分析的方法

市场的大趋势比比皆是，虽然牛、熊市道交替出现，但图表上的趋势却是清晰可见的，只要我们细心分析，小心求证，投资者无理由不可以预先估计到趋势的来临。

学术界经常喜欢用“随机漫步”来形容金融市场走势，但市场走势分析家则另有见解，他们认为必定有方法可以清楚辨认金融市场的趋势，从而投资获利。

走势分析家的想法并非凭空想象，观乎金融市场的历史，市场的大趋势比比皆是，虽然牛、熊市道经常交替出现，但图表上的趋势却是清晰可见的，只要我们细心分析，小心求证，投资者一定可以预先估计到趋势的来临。

偏偏事实就是这样，乘趋势而获利者少，坐失良机者众。究其原因，除了因为目光短浅外，最主要的就是缺乏一套简单易用的分析趋势方法。

究竟如何简单有效地辨认出市场趋势的来临呢？技术分析家有一个看似愚昧，却非常实用的方法——一把直尺走天下。

只要在金融图表上小心画上一条趋势线，市势好淡便无所遁形。

事实证明，金融市场的走势往往跟随一条长长的趋势线运行，可以历久而不衰。以美元兑日元的走势为例，1990 年 4 月由 1 美元兑 160.35 日元高位开始反复下跌，一直受压于一条下降趋势线，每次反弹接近该趋势线，都是卖空美元、吸纳日元的理想价位水平，直至 1995 年 4 月在 79.75 日元见底后才突破下降趋势线。

其后，美元兑日元由 1995 年 4 月低位上升至 1998 年 8 月 14 日高点 147.62 日元。此后，1999 年 11 月美元回落至低位 101.24 日元；2002 年 2 月再反弹回 135.15 日元高位。如图 1.1，大致可用几条简单的直线追踪汇价的走势。

再以香港恒生指数为例（图 1.2），恒指由 1995 年 1 月低位 6890 点至 1997 年 8 月高位 16820 点是一个趋势；由 16820 点下跌至 1998 年 8 月低位 6544 点是另一个趋势；由 6544 点至 2000 年 3 月科网泡沫高点 18397 点是另一个上升趋势；由 18397 点下跌至 2003 年 4 月低点 8331 点又是另一个下跌趋势。

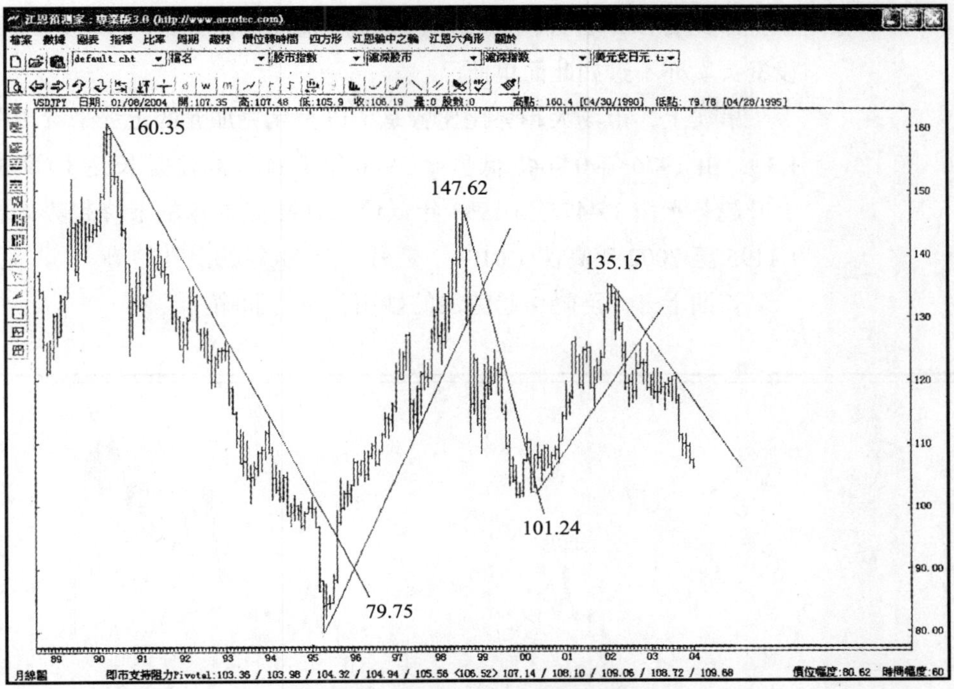

图 1.1　美元兑日元月线图与趋势线

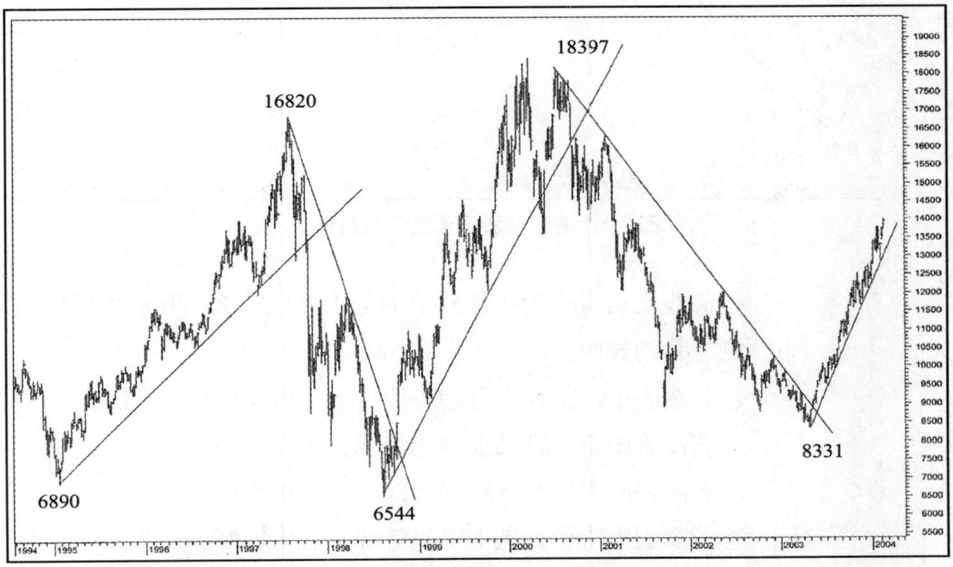

图 1.2　香港恒生指数月线图与趋势线

由此看来，若我们撇开牛、熊的观念，顺应趋势，随波逐流，投资买卖亦不过如此简单而已。

事实上，市场大趋势比比皆是，以美元兑加元的走势来看（图1.3），由 1976 年 0.9648 低位至 1986 年 1.4475 高位是长达 10 年的上升趋势；由 1.4475 至 1991 年低位 1.1195 是 5 年的下降趋势；由 1.1195 至 2002 年高位 1.6194，是另一个 11 年的上升趋势。

长期上升（下降）趋势线的妙用，不言而喻。

图 1.3　美元兑加元年线图与趋势线

趋势线既然可作为市势好淡的分水岭，那么，我们可以作出以下预测趋势的规则：

①若图表中市价在上升趋势线之上，可作向好。

②若图表中市价跌破上升趋势线，可作转淡。

③若图表中市价在下跌趋势线之下，可作向淡。

④若图表中市价突破下降趋势线，可作转好。

⑤上升趋势线的角度愈大，市势愈强。

⑥下降趋势线角度愈大，市势愈弱。

在大起大落的市势之中，应用上述的趋势总规则做买卖，基本上已经获利有余。其买卖方法是：

①在上升趋势中，每次价位调整至支撑线（趋势线），都是买入的时机。

②一旦价位下跌支撑线，表示上升趋势可能已结束，是平仓的信号。

③在下跌趋势中，每次价位反弹至阻力线（趋势线）时，都是卖出的时机。

④一旦价位突破阻力线，表示下降趋势有可能已结束，是买入的信号。

平衡通道

上述四点趋势线的应用，大体上已构成一个原始的买卖系统。读者可以发现，只要对于分析的方法略作改进，投资获利的机会便会大增。

改进的关键是，如果能够在上升的趋势中每一个中期浪顶获利卖出，再在价位回调至上升趋势线时重新吸纳，那获利的可能岂不是更高?

问题是如何捕捉到趋势中的中期浪顶呢?

图表分析家利用几何学为我们提供了一个有效的方法，就是“平衡通道”。

平衡通道的意思是从上升支撑线的角度，在趋势中的第一个或重要的中期浪顶上画上平衡线，从而形成走势通道。在一般市况下，这个通道上限，将成为上升市势的中期阻力。

对于波浪理论者而言，平衡通道亦称为“艾略特通道”（Elliott Channel），是作为数浪的有效根据。

图 1.4 是美元兑日元的日线图。由图可见，美元兑日元下跌至

下降趋势通道的下限，便展开大幅的反弹，因此，平衡通道具有重要的作用。

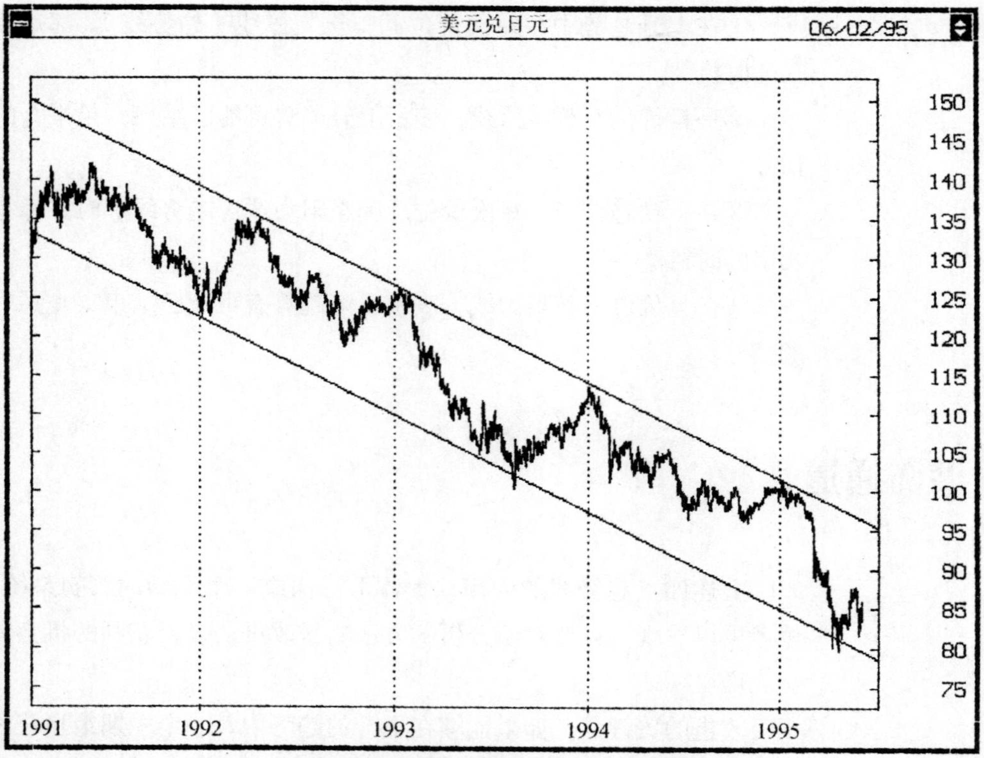

图 1.4　美元兑日元日线图与平衡通道

另外，恒生指数由 2003 年 4 月至 2004 年 3 月的升市，亦可以简单以平衡通道界定出来（图 1.5）。

若说平衡通道，最为经典的莫过于上海证券综合指数的上升平衡通道。该通道是由 1994 年 7 月低位 325.89 为起点，至 2001 年 6 月高位 2245.44，前后共运行 7 年的上升通道。其中，1997 年 5 月高点 1510.18 与 2000 年 8 月高点 2114.53 及 2001 年 6 月高点 2245.44 明显形成平衡通道的顶部，而这条通道顶平衡线推演下来的，是 1999 年 5 月低位 1047.83 的重要支撑线（图 1.6）。

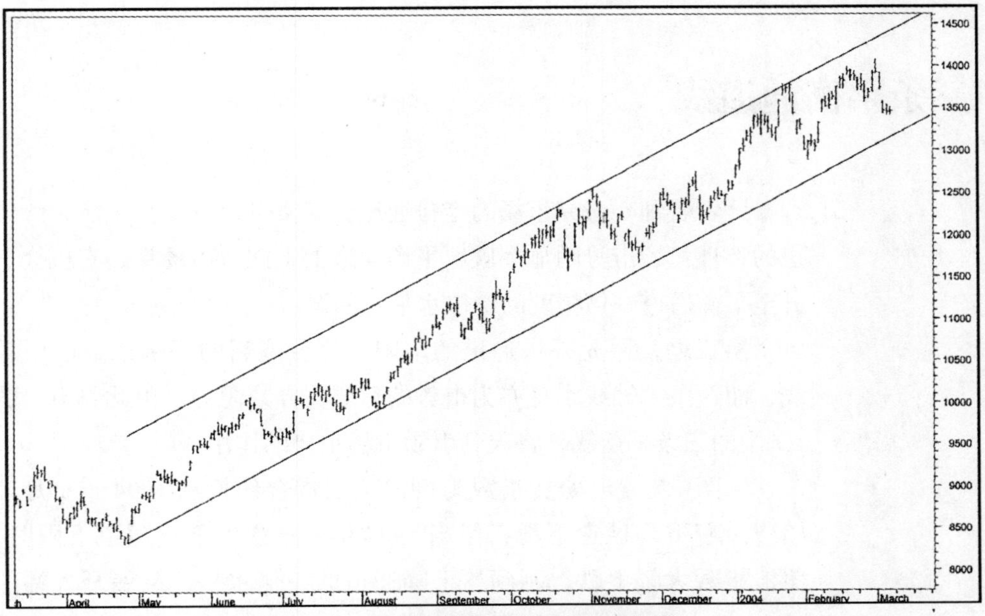

图 1.5 恒生指数月线图与平衡通道

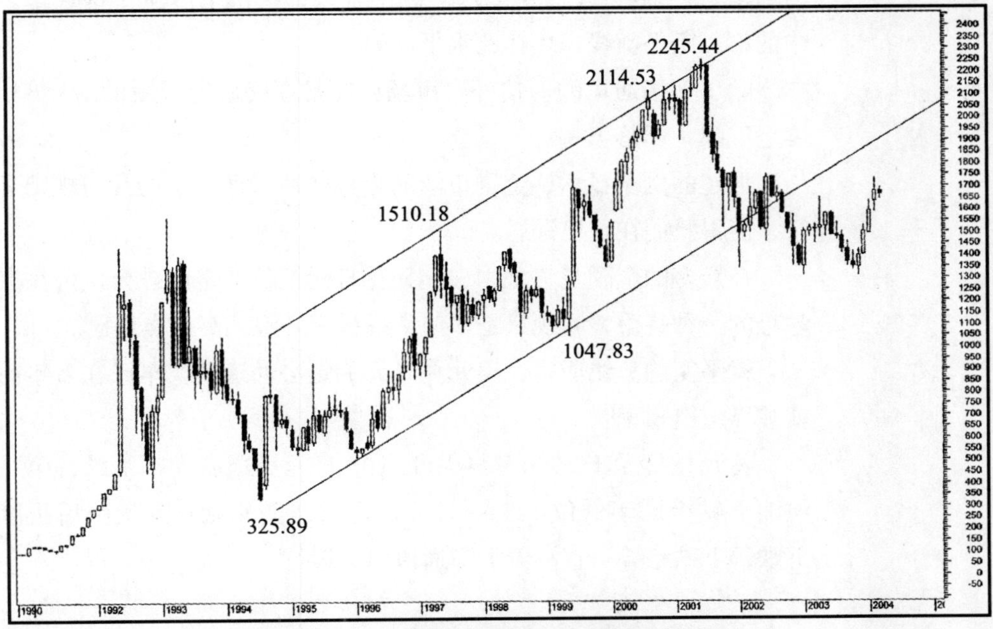

图 1.6 上海证券综合指数月线图与平衡通道

三条平衡通道线

读者若细心研究市场的走势通道，其实可以进一步了解走势通道的特性：若市势明显突破原平衡通道的上限，市场将还有机会上升至平衡通道一倍幅度的价位水平再回调。

换言之，原先平衡通道的上限，将变成新的平衡通道的中轴线，而这条中轴线本身亦为市势的重要支撑或阻力。由此引申，图 1.7 中的三条平衡线，将起到引领市场走势的作用。

以图 1.7 美汇期货指数为例，该期货合约价从 1994 年 1 月开始，沿着下降通道下滑，但当 1994 年 6 月跌破下降通道下限时，美汇指数大幅下跌，刚到达下降通道的一倍水平，又展开大幅的反弹。

在 1994 年 12 月，美汇期货指数反弹至下降通道上限，遇到阻力回落，之后在 1995 年 2 月下破中轴线，再次下降至平衡通道之中的第三条平衡线，才在此水平反弹。

除了平衡通道的一倍外，市场亦经常在突破通道后的 2/3 倍幅度上反弹（回落）。

上述的例子显示，金融市场的走势往往依循一定的几何规则运行，值得我们在这里深思。

在众多的金融走势之中，美元兑日元汇价的走势被公认为最有趋势的一种货币，问题只是如何掌握日元升浪的高低点而已。

就平衡趋势线而言，美元兑日元的走势通道其实早已在多年前就被界定出来了。

美元兑日元于 1990 年 4 月 160.35 日元见顶后大幅下跌，第一组浪下跌至同年低位 123.65 日元。之后，美元兑日元反弹后再度下跌，下跌趋势一直沿着下降通道向下运行。

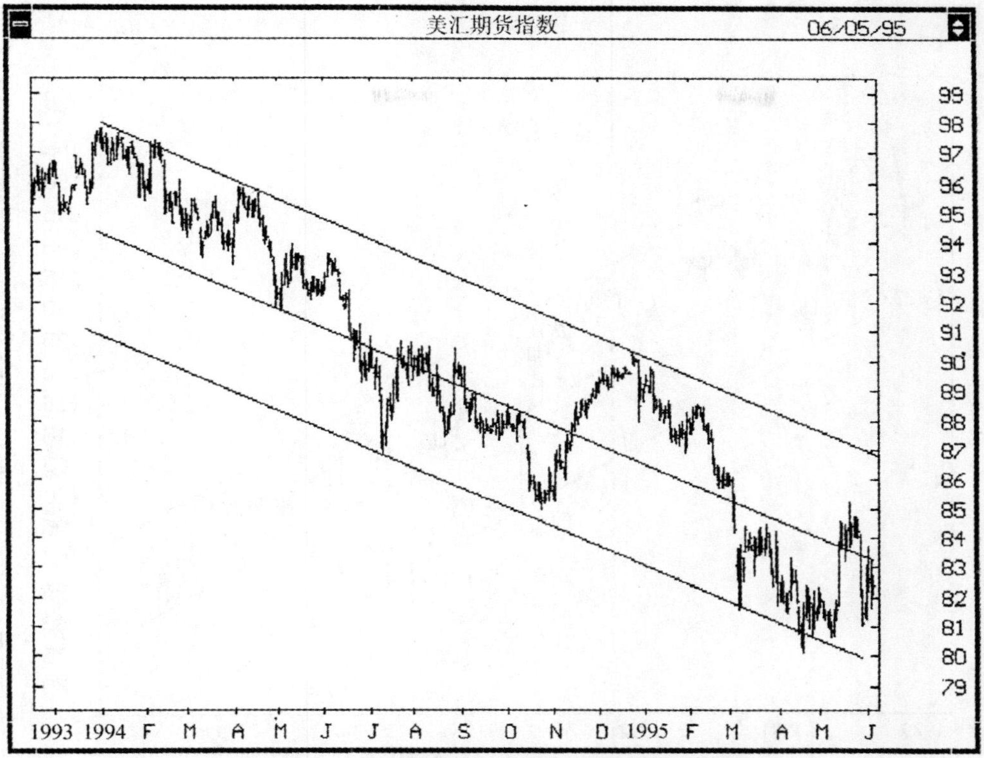

图 1.7　美汇期货指数月线图与三条平衡通道线

若我们用几何学的方法，依 160.35 日元高点以来下降趋势线的角度，在 1990 年低位 123.65 日元画出一条平衡线，则一条下降平衡通道便已产生。此外，若我们再依平衡通道的幅度的一半，画上一条中轴线的话，则整个美元兑日元下跌趋势的轮廓便已勾画出来了。

由图 1.8 可见，美元兑日元在 1992 年 1 月、1993 年 7 月及 1995 年 4 月，先后跌至平衡通道的中轴线便出现大幅的反弹，其走势非常完美。

事实上，我们在分析市场的趋势时，入手方法可以相当简单，首先用趋势线界定市场的上升或下跌，然后利用平衡线画出走势通道的上轨与中轴，则市场趋势的情况便已有效地界定出来了。

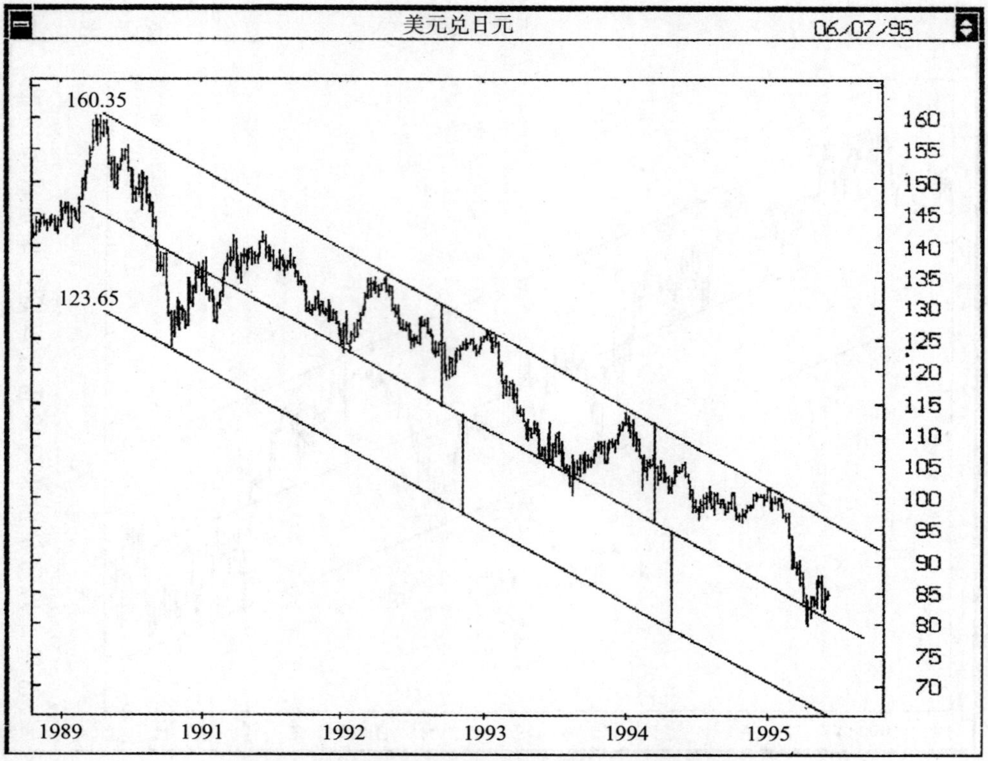

图 1.8　美元兑日元月线图与三条平衡通道线

安德鲁音叉通道

对于平衡通道的应用，相信最著名者应首推“安德鲁音叉通道”（Andrew’s Pitfork）。分析家安德鲁将其平衡通道方法定名为“音叉通道”，主要原因是其制作而成的走势通道极像一支“音叉”。

安德鲁音叉通道的制作方法是：利用趋势的起点、第一个中期浪顶与第一个中期浪底三点，分析者可以向上或向下推出一个音叉形的平衡通道，它可有效预计市场趋势中的支撑点或阻力点，方法相当特别而准确。

以美元兑马克在1991—1993年的趋势为例，安德鲁音叉通道便发挥了重要的分析作用。

只要我们以1991年7月5日高点1.8430马克为音叉的起点，1991年12月27日低点1.5015马克为音叉的左边起点，1992年3月20日高点1.6860马克为音叉的右边起点，由三者推出三条平衡线，并将其角度调校，直至三条平衡线之间的空间幅度均等为止，便可形成安德鲁音叉通道。

由图1.9可见，美元兑马克于1992年9月2日低见1.3860马克，刚好到达音叉通道的中轨支撑线，之后美元便大幅反弹，突破音叉上轨后，确认转势。

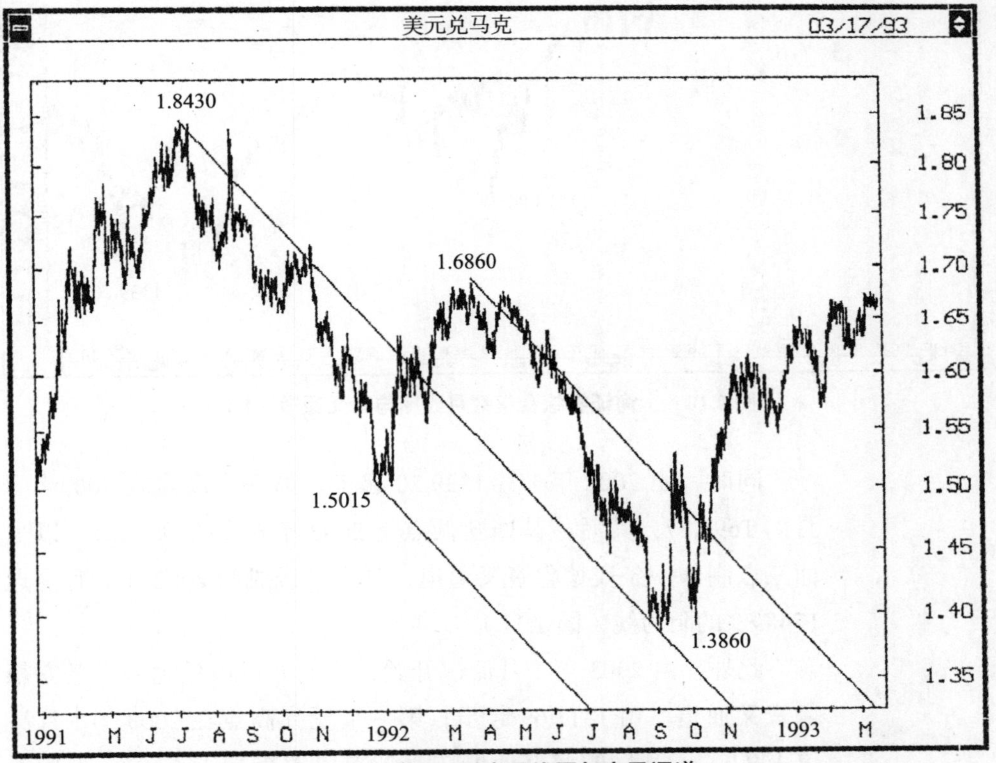

图1.9　美元兑马克月线图与音叉通道

从上海证券综合指数看（图 1.10），由 2001 年 6 月高点 2245.44，至第一个主要低点 2001 年 10 月 22 日 1514.86，之后，上指反弹至 2001 年 12 月 5 日高点 1776.02。若我们以上面三点制作一条向下的安德鲁音叉通道，其中轴线刚好为 2002 年 1 月 29 日 1339.20 低点的支撑。

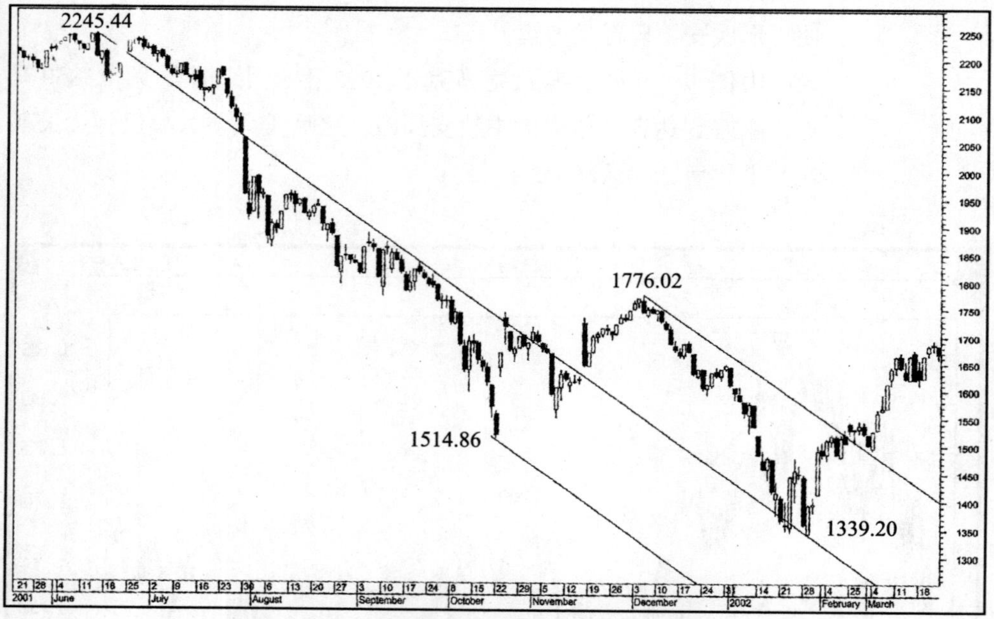

图 1.10　上海证券综合指数月线图与音叉通道（1）

同时，由 2002 年 1 月 1339.20 起步，第一个高点在 2002 年 3 月的 1693.87，其后，其回吐低点是 2002 年 6 月的 1455.31。以上面三点制作一条安德鲁音叉通道，其中轴线成为 2002 年 6 月高点 1748.89 的阻力线（图 1.11）。

此外，由 2003 年 1 月低位开始，我们亦可以见到另一条安德鲁音叉通道。由 1311.69 起步，第一个反弹高点在 2003 年 1 月高位 1492.72，其后的调整低位在 2003 年 3 月低位 1447.01。引用上面三点作为上升安德鲁音叉通道，其中轴线刚好为 2003 年 4 月高位 1649.60 的主要阻力线，引发另一次跌市（图 1.12）。

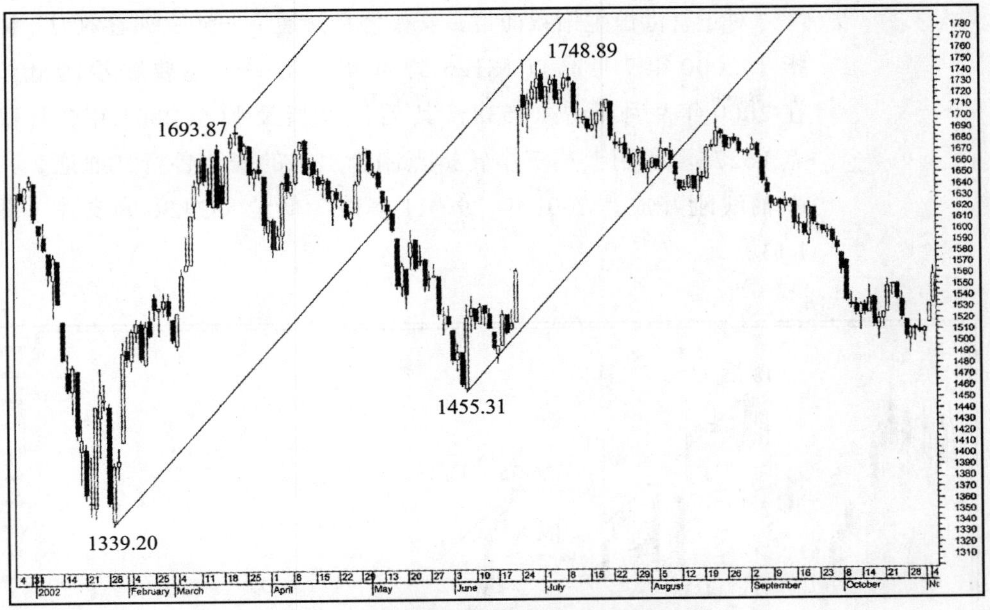

图 1.11　上海证券综合指数月线图与音叉通道（2）

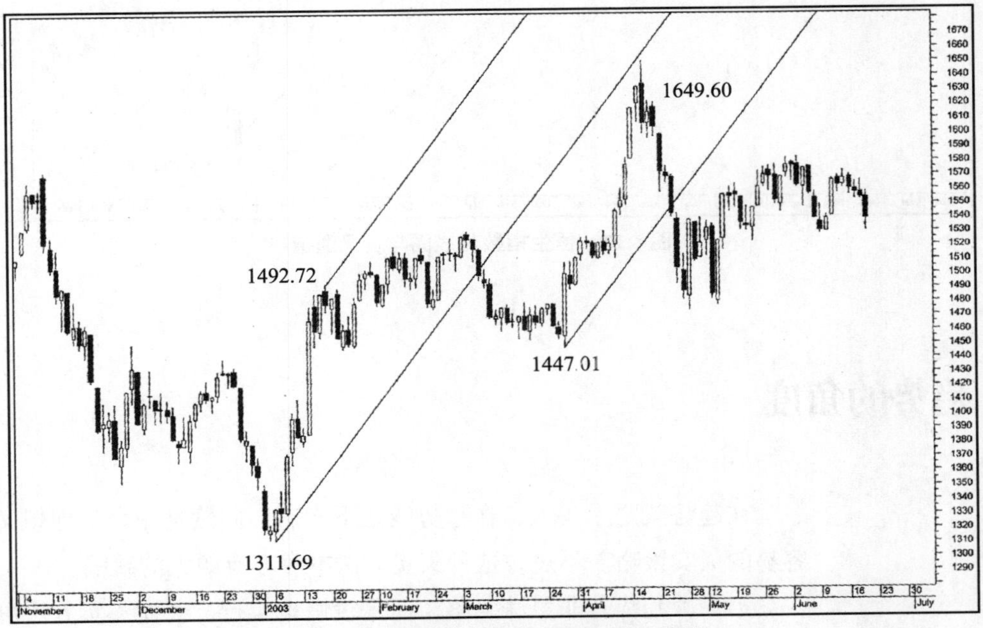

图 1.12　上海证券综合指数月线图与音叉通道（3）

对于香港恒生指数而言，安德鲁音叉通道一样发挥着效力。恒指于2000年7月高点18125.57起步，第一个主要跌浪的低位在2000年9月低位14538，其后，恒指反弹至2001年2月高点16275。利用上述三个转折点制作出来的安德鲁音叉通道，其中轴线刚好成为2001年“9·11事件”低位8894.36的支撑（图1.13）。

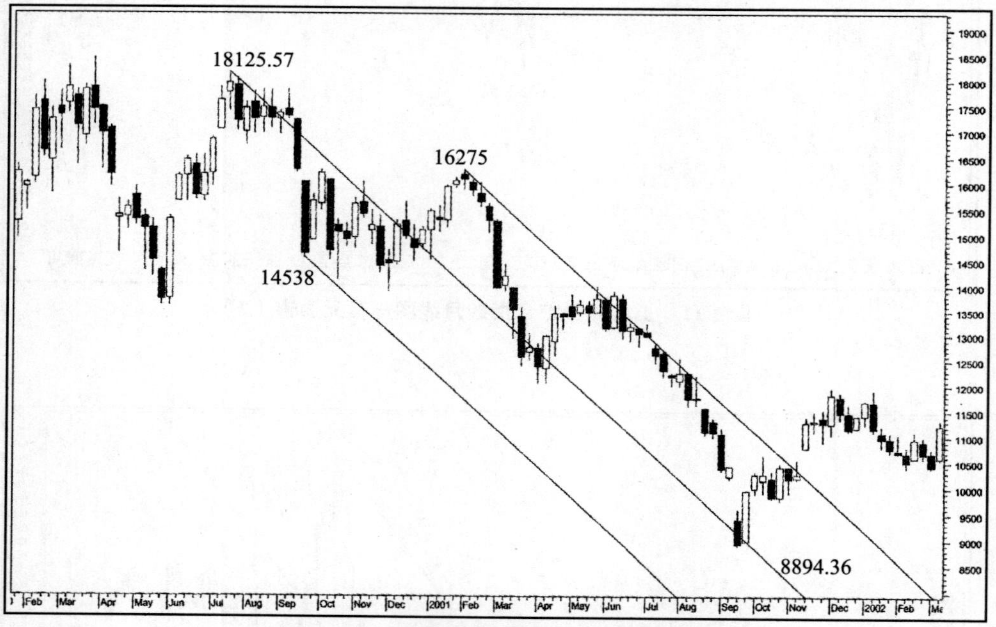

图1.13　恒生指数月线图与音叉通道

趋势的角度

在趋势线之上买入，在趋势线之下卖出，固然是一个最理想又容易的买卖策略。不过，这种买卖方法本身亦有颇大的缺陷。

第一，趋势若非急涨急落，而是缓慢地爬行，上述买卖方法可能会得不偿失。

第二，市价下破上升趋势线，并非一定表示转势，在某些情况下，市场的趋势可能只属转为较慢的上升速度而已；市价下破上升轨，可能在较低角度的上升轨上得到支撑，从而再创新高。

如果投资者过早判断市势逆转，将吃力不讨好。

基于上述原因，市场几何学家开始将注意力集中到趋势线的速度研究上，所得到的结论是：市场的趋势经常运行至某个阶段时，转变其运行的速度，而趋势线的斜度亦有所改变。其转变的方式有两种，第一是愈变愈斜，第二是愈变愈平。前者是市场的动量不断增加，后者是市场的动量不断减少。

事实上，趋势转变的现象背后大有学问，我们若同时在图表上依照市场趋势不同变化的速度，由最低点或最高点画出多条趋势线，便会形成一组“扇形线”（图 1.14）。

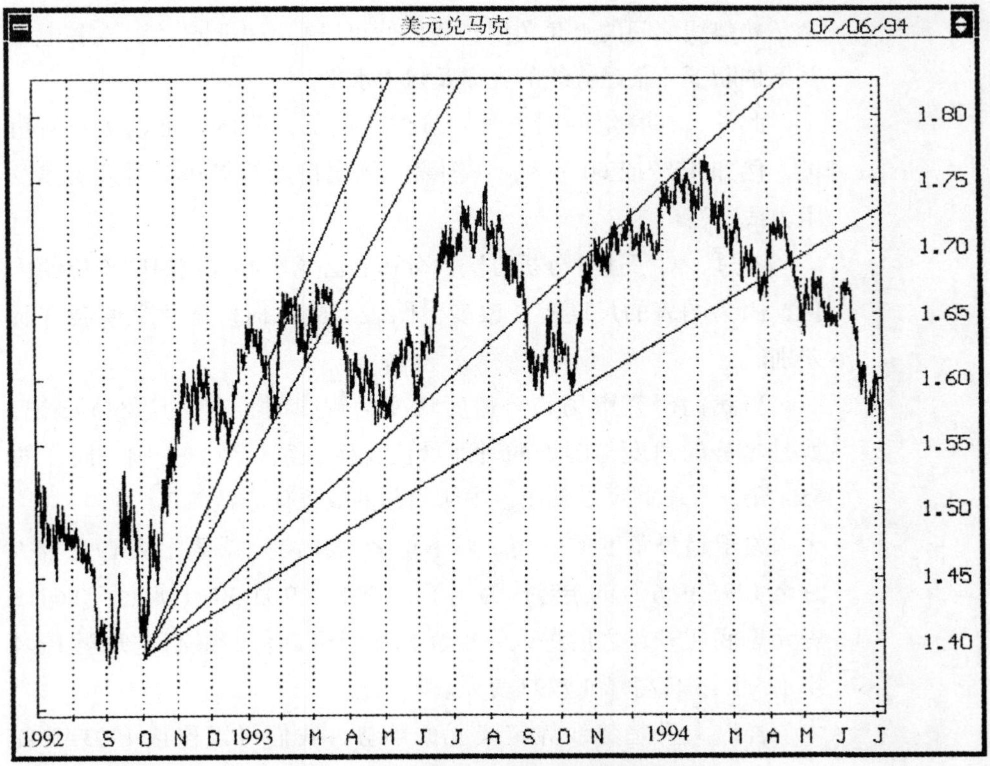

图 1.14　美元兑马克月线图与扇形线

市场经验告诉我们，在扇形的趋势线之间，其实往往隐含着数学的关系，分析者若能明白这些关系，便可掌握趋势速度转变的规律。

一般而言，目前流行的扇形线分析方法有四种，包括：

①角度线（Angle Lines）;

②速度阻力线（Speed Resistance Lines）;

③费氏扇形线（Fibonacci Fan Lines）;

④江恩角度线（Gann Lines）。

角度线

角度线（Angle Lines）的背后理念是：如果我们知道扇形线中两条趋势线之间的夹角角度，我们便可以利用相同角度，在其上或其下推断下一条趋势线的支撑及阻力水平。

此外，在特定的图表时间价位比例下，分析者可以按几何角度，例如45° 或60° 等，在图表上画出市场趋势转变时的支撑及阻力线。

不过，对于这种分析方法，分析者必须小心控制时间价位的比例，因为图表的尺度稍一改变，图表上的几何角度意义便会有所差别。

当我们研究市场趋势速度转变的规律时，有一点必须谨记，就是趋势的角度与图表的时间价位比例必须一致。否则，同样的45° 角，在不同尺度的图表中所引起的效果便会截然不同。

关于趋势角度的应用，以下笔者引用澳元兑美元从1993年9月至1995年6月的走势作为例子。1993年9月30日澳元于0.6413美元见底回升，之后进入一次大幅的上升趋势，最高上升至1994年12月16日高峰0.7793美元。

若以上升趋势线界定澳元的趋势，我们可以连接1993年11月15日0.6500美元低位至1994年10月20日0.7310美元低位，制作一条上升轨。按笔者所用的图表尺度，该上升轨的角度为33.95°。

角度线理论认为，趋势的角度若分割为两份或三份，我们可以计算到趋势角度转变的规律，从而预计市场的支撑或阻力。

以澳元的例子来看，我们将第一条趋势线的角度33.95°分为两份，即16.97°，再在1993年11月15日0.6500美元的低位推出另一条角度线，大家可以发现，这条角度线刚好成为1995年6月2日低位0.7095美元的支持，引发一次反弹（图1.15）。

由此例子可见，趋势变化之中其实隐含着角度的规律。

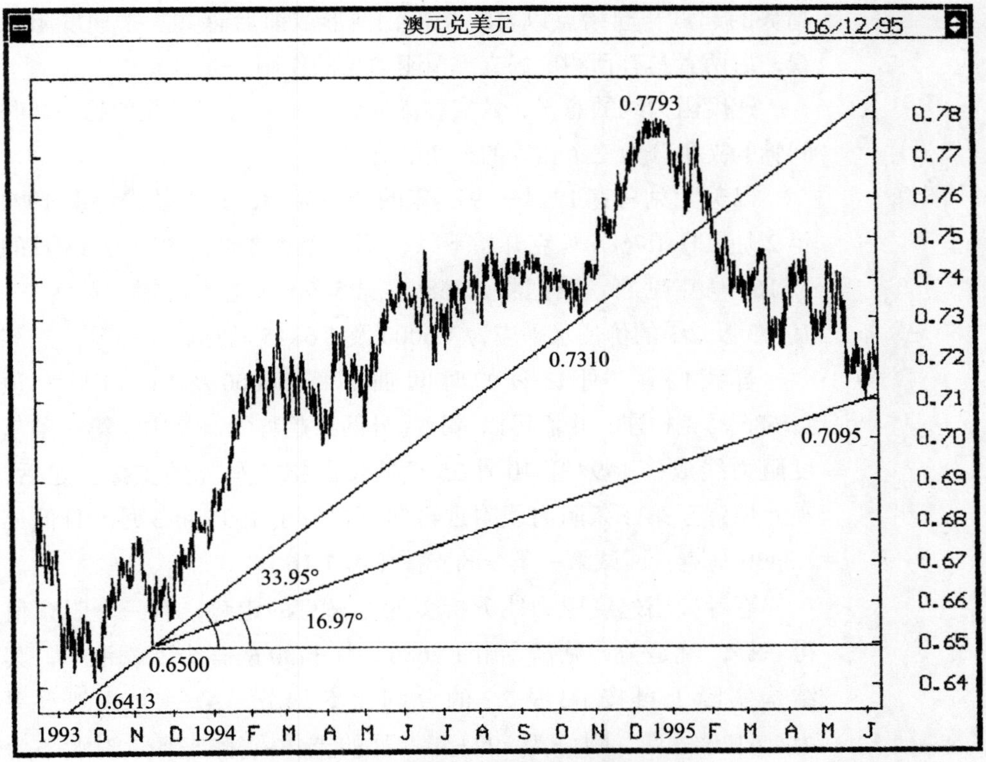

图1.15　澳元兑美元月线图与角度线

速度阻力线

图表分析家的研究发现，市势的变化，除了按角度转变外，亦经常以价位幅度的1/3及2/3的速度转变。因此，我们可以预先画出三条趋势线，以预测市场的支撑及阻力位，称为速度阻力线（Speed Resistance Lines）。

速度阻力线的制作方法是：将一个趋势的最高点与最低点用直线相连，然后按趋势的价位幅度分为1/3及2/3，将这些水平线上趋势的起点与起始点以直线相连，便形成前后总共三条速度阻力线，后两者具有预测市场支撑及阻力位的作用。

速度阻力线的意义，其实，亦即将一个上升或下跌的趋势与时间轴的夹角分为三个相等的夹角的意思。

以美元兑马克1994—1995年的走势为例，其下跌趋势由1994年2月8日1.7686马克开始下跌，第一个重要低点在7月13日的1.5160马克见底。我们将1.7686～1.5160马克的跌幅一分为三，其1/3及2/3的价位水平应为1.6000及1.6845马克。

若我们在7月13日的时间轴上将1.6000及1.6845与大顶1.7686马克相连，我们可以得到另外两条趋势线。其中，第一条速度阻力线成为1994年10月25日低位1.4855马克的支撑。之后，美元反弹至第二条阻力线附近再向下挫，于1995年3月8日低见1.3430马克，回试第一条线的支撑（图1.16）。

笔者应用速度阻力线分析美元兑马克的走势，有一个观察值得一提，就是美元兑马克由1.7686～1.3430的整个下跌浪中，其结构实际上可按1/3及2/3的分割比率划分。第一个分割水平为1.6320马克，刚好为1994年6月的支撑。第二个分割水平为1.4855马克，刚好为美元在1994年10月的支撑。若从时间周期来看，美元由1.7686马克下跌至1.3430马克，约可以按93个交易日的周期分为三段时间，其中，1994年10月的低位1.4855马克刚好处于第二段时间的分割阶段（图1.17）。

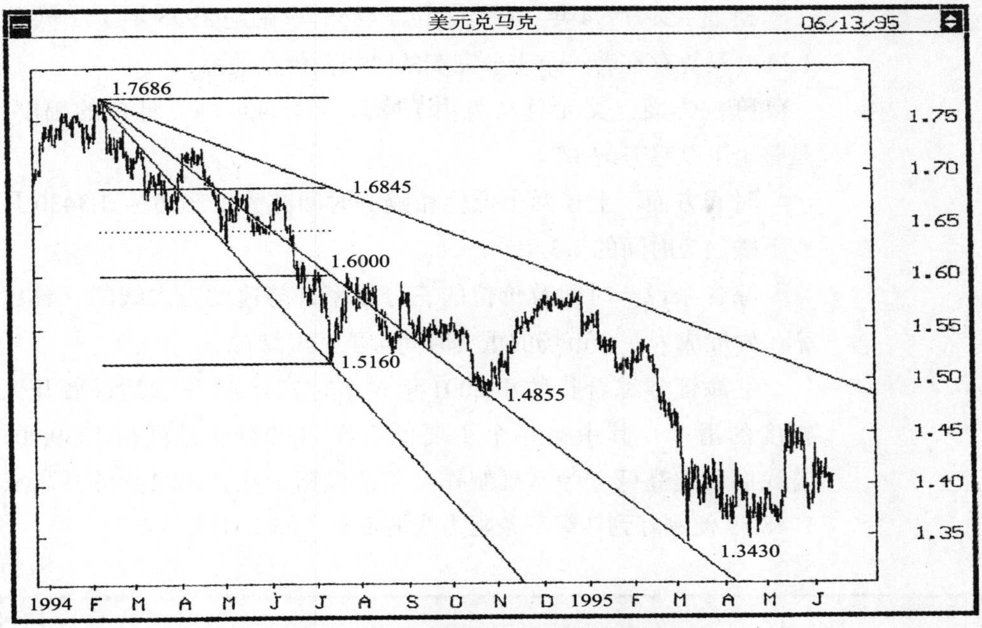

图 1.16　美元兑马克月线图与速度阻力线（1）

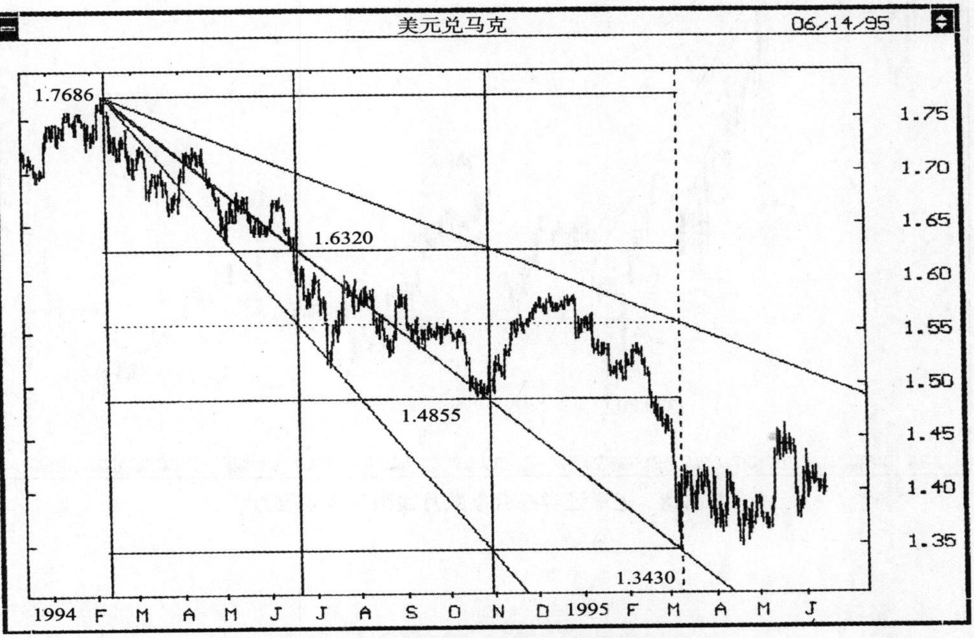

图 1.17　美元兑马克月线图与速度阻力线（2）

换言之，1994 年 10 月低位 1.4855 马克与 1995 年 3 月低位 1.3430 马克存在着一个十分完美的时间及价位关系：

价位方面，美元兑马克由 1.4855 ~ 1.3430 马克低位的幅度，是整个下跌趋势的 1/3。

时间方面，上述两个低位相隔的时间亦为 1.7686 ~ 1.3430 马克下跌趋势时间的 1/3。

综合来说，时间及价位的三分比率，与速度阻力线的三分比率，发展成为一个市场的重要时间价位速度结构。

上海证券综合指数于 2001 年 6 月的 2245.44 见顶后，展开大幅度的滑落，其中第一个主要低点在 2002 年 1 月低位 1339.20，若我们以此高低点为基础制作三条速度阻力线，2002 年 6 月高点 1748.89 便刚好到达第三条阻力线的水平（图 1.18）。

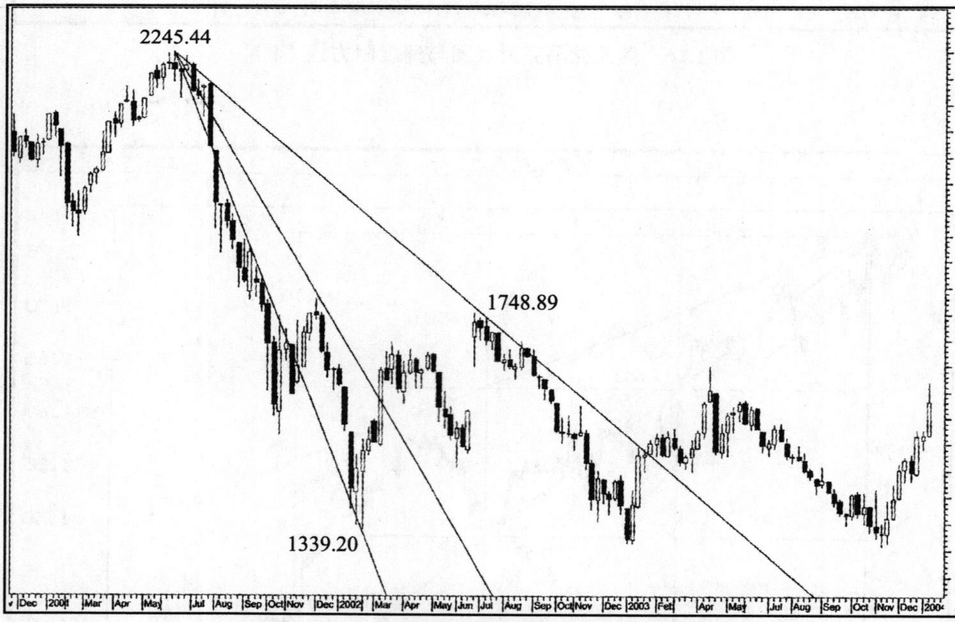

图 1.18　上海证券综合指数月线图与速度阻力线

费氏扇形线

江恩理论一直强调 1/3 分割比率的重要性，在此，速度阻力线将其理论发挥至高峰。

对于波浪理论者而言，除了三分比率外，神奇数字的比率显然也很重要。按速度阻力线的制作方法，将上述神奇数字比率取代三分比率，我们可以计算出费氏扇形线（Fibonacci Fan Lines）。

费氏扇形线其实与速度阻力线的原理相似，所不同者乃是后者应用黄金比率：0.382、0.5 及 0.618 倍作为分割趋势的比率。

其制作方法是：将一个趋势的最高点与最低点以直线相连，并以 0.382、0.5 及 0.618 倍将整个趋势的价位幅度分割，然后以直线将上述三个价位水平与趋势的起点相连，从而画出三条不同角度的趋势线，称为费氏扇形线。这些分割线向前延伸，便可能成为市场反弹或回吐时的重要支撑或阻力。

以美元兑日元的走势为例，美元于 1995 年 1 月 4 日的 101.50 创出高峰后大幅下跌，最低于 4 月 19 日的 79.75 日元见底。上述下跌趋势的 0.382、0.5 及 0.618 倍的反弹水平为 88.00、90.60 及 93.20 日元的水平。若我们以趋势起点 101.50 连接趋势终点 79.75 的时间轴上三个神奇数字比率价位，我们便得到三条费氏扇形线。

由图 1.19 可见，0.5 倍的费氏扇形线成为美元兑日元的短期反弹阻力。

费氏扇形线的应用，除了依照传统的价位幅度分割计算市场的反弹或回吐支撑阻力水平外，亦计算市场的时间价位的转折点。

事实上，在一个趋势之中，价位可按 0.382、0.5 及 0.618 倍计算价位支撑阻力，市场的时间转折点亦可按市场趋势的时间幅度计算。当市场到达重要的时间价位交叉点时，便有可能出现一次市势的逆转。

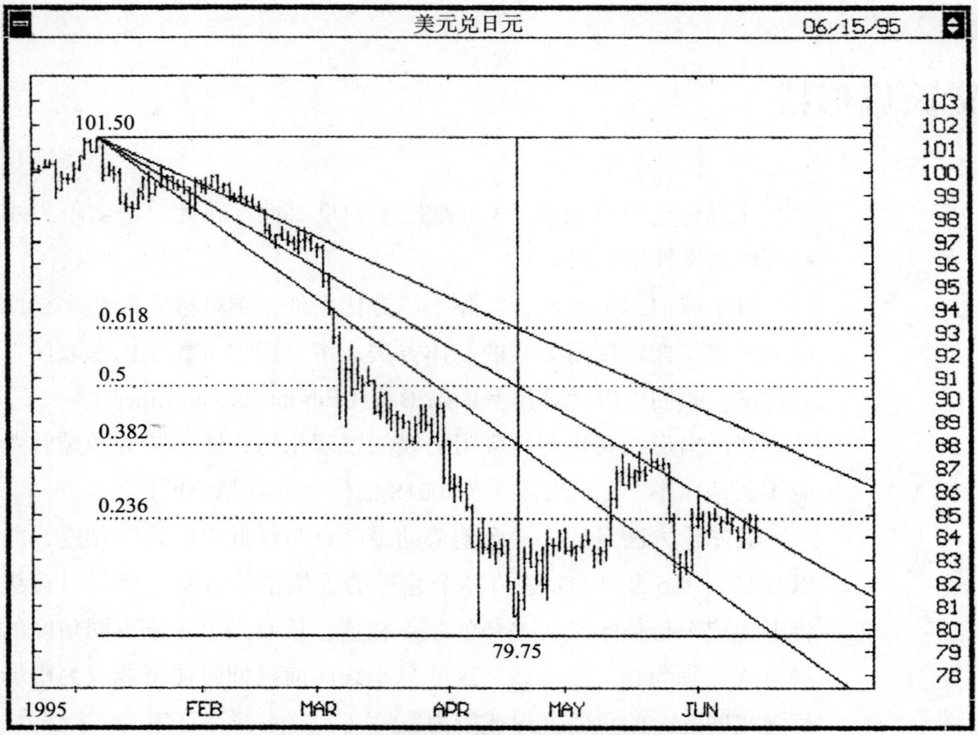

图 1.19 美元兑日元日线图与费氏扇形线

以美元兑日元为例，1995年3月8日低见88.75日元（图1.20），之后，美元兑日元进一步于4月19日见79.75日元低位。上述两个美元兑日元的重要底部，无论在时间及价位上都以0.618的比率关连，对于市场几何学家来说，是最为完美的市场例子。

另外，值得注意的是，美元兑日元于5月25日见87.25日元高位后大幅回落，由0.5的扇形线下跌至0.382扇形线的支持，时间上刚好是之前美元兑日元由101.50下跌至79.75时间幅度的1/3，相当巧妙。

从上海证券综合指数来看（图1.21），由1994年7月低点325.92，至2001年6月高点2245.44，若以黄金比率分割，0.382、0.5及0.618的价位水平在1512.18、1285.68及1059.18。然而，上指在2003年11月低见1307.40后反弹，稍高于0.5的支持1285.68，何解？

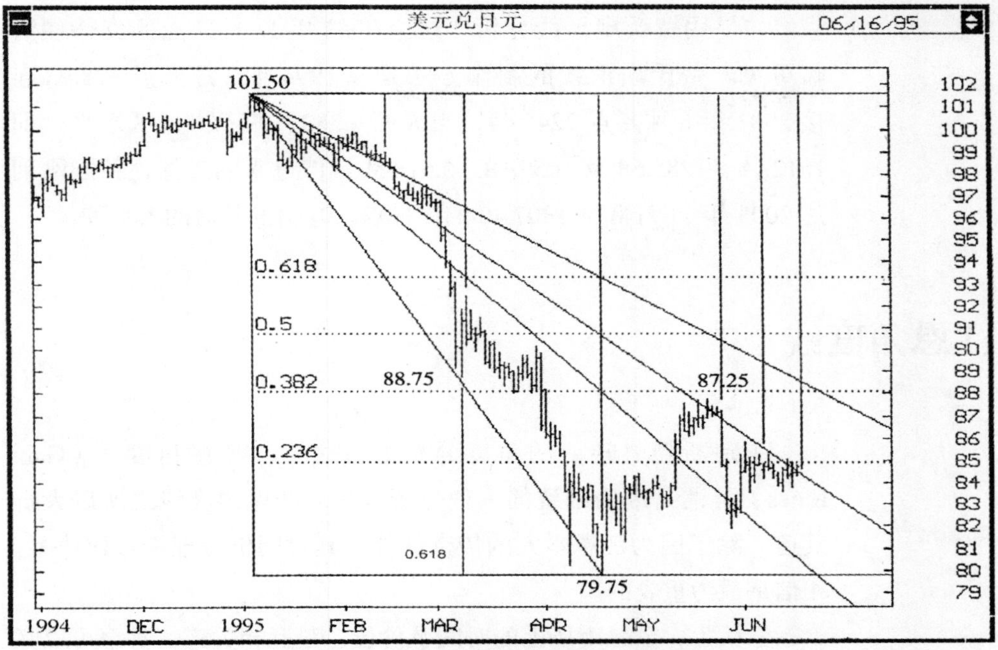

图 1.20 美元兑日元日线图与费氏扇形线

图 1.21 上海证券综合指数月线图与费氏扇形线

如果用费氏扇形线分析，这个2003年11月低点的支持便清晰可见。费氏扇形线的制作方法是以1994年7月低点325.92连接2001年6月高点2245.44，当天的0.382、0.5及0.618水平，即1512.18、1285.68及1059.18。0.618线延伸过来的支撑，便刚刚到达2003年11月低位1307.40的支持点，并引发其后的大反弹。

江恩角度线

在判断趋势转变的角度分析方法之中，江恩角度线（Gam Lines）可谓是最为细致的一种分析方法。江恩角度线之所以大行其道，除了因为江恩本人的传奇性外，其时间价位理论自成体系，相信是最为重要的。

他认为，金融市场上的时间及价位，是互相关连，甚至可以互相转化的，他的主要分析方法是江恩线，这些趋势线的绘制方法是以时间与价位的比例为主。例如，1×1线的意义是一天上升／下跌1点、10点或100点；又或者1×2线是一天上升／下跌2点、20点或200点。依照时间与价位的比例，市场趋势转变时的支持及阻力位便可以清楚计算得到。

在笔者的趋势研究里面，我们熟悉的一些市场上重要的上升／下降轨，本身便存在着一个完整的时间价位比例，若没有江恩理论的根基，是难以察觉的。

由图1.22可见美元兑日元由1990年4月160.35至1995年4月79.75的整个跌浪中，一直受压于一条长期下降轨，汇价每次反弹至这条下降轨，都是吸纳日元的机会。若大家细心研究这条下降轨的时间价位比例，便会清楚发现，这条下降轨其实是以每月下降1日元的江恩1×1线为基础绘制。

江恩角度线妙用无穷，以下再引用美元兑日元的例子作一剖析（图1.23）。

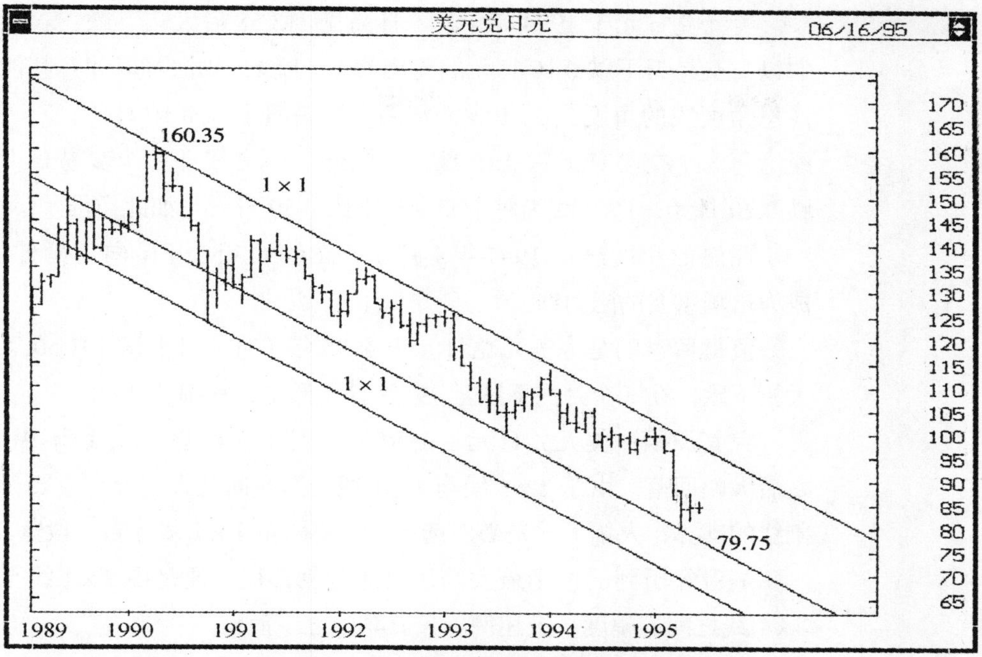

图 1.22　美元兑日元月线图与江恩角度线

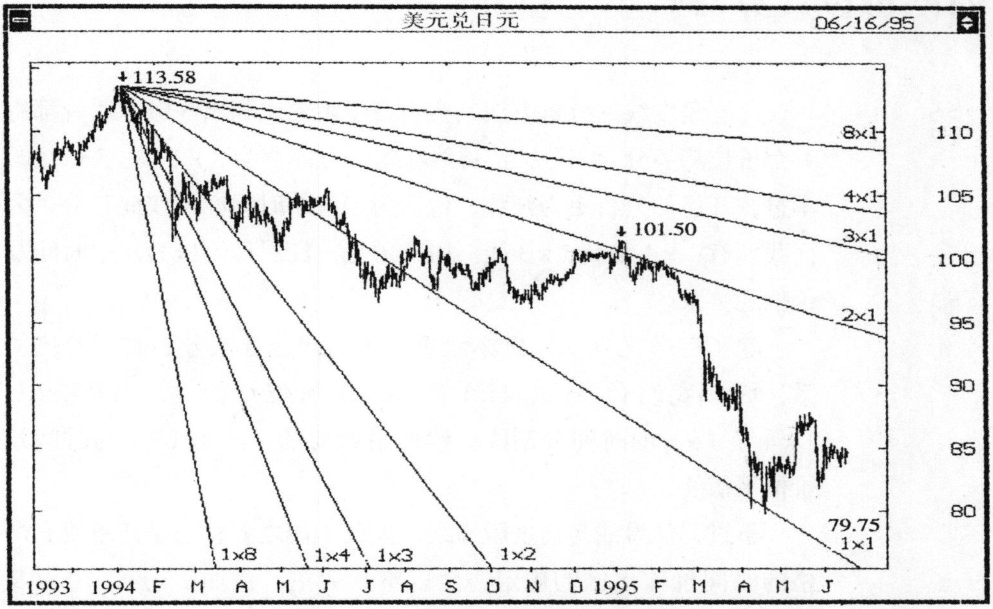

图 1.23　美元兑日元日线图与江恩角度线

美元兑日元于 1994 年 1 月 5 日高见 113.58 后大幅下跌，若我们以每交易日下跌 0.10 日元的速度为 1×1 线，我们可以计算其他江恩角度线的角度：2×1 线为每两个交易日下跌 0.10 日元；3×1 线为每 3 个交易日下跌 0.10 日元。此外，1×2 线即每个交易日下跌 0.20 日元；1×3 线为每个交易日下跌 0.30 日元。如此类推。

江恩的角度线由 1994 年 1 月 5 日高位 113.58 开始向下延伸，成为市场重要的阻力线。

值得留意的是，美元兑日元于 1995 年 1 月 4 日上试 101.50 后大幅下跌；在 3 个月内下跌至 79.75 日元低位，跌幅达 20%。

究其原因，美元兑日元于 1995 年 1 月上试江恩 2×1 线不果，之后大幅回落，由于 2×1 线与 1×1 线之间空间甚大，没有重要分割线的支撑，大幅下挫是必然选择，一直跌至 1×1 线才告一段落。

笔者经历到的市场最大杀伤力的时刻，往往便是由 2×1 线至 1×1 线之间的幅度，上述例子只属其中之一而已。

时间价位计算器

江恩角度线的分析方法其实与速度阻力线如出一辙，两者都将一个价位趋势分为三分，江恩线在这一方面称为 3×1 线、3×2 线。不过，江恩的分析更为细致，他认为趋势的时间亦可按此三分，因而我们有 1×3 线及 2×3 线。由此可见，江恩理论极为注重时间及价位之关系。

除了三分之外，江恩亦注重二分、四分及八分的时间价位关系，因此我们有 2×1、4×1 及 8×1 的价位分割线，以及 1×2、1×4 及 1×8 的时间分割线。然而最重要的，还是 1×1 的时间及价位平衡线。

不过，江恩线与速度阻力线最大的不同之处，乃是江恩线有严格的时间价位比例的规定，全以整数为主。例如，1 点、10 点及 100 点，这种规定的理念主要来自时间价位的平衡理论。

若我们按江恩的时间价位平衡点 1×1 线画出一个四方形，将其时间及价位的分割线置于其上，我们便得到一个时间价位计算器，可以用于分析市场波动的支持阻力点。

图 1.24 是美元兑日元的时间价位计算器，1994 年一直在 2×1 线上得到支撑，直至 1995 年到达 2×1 线后才大幅下挫。

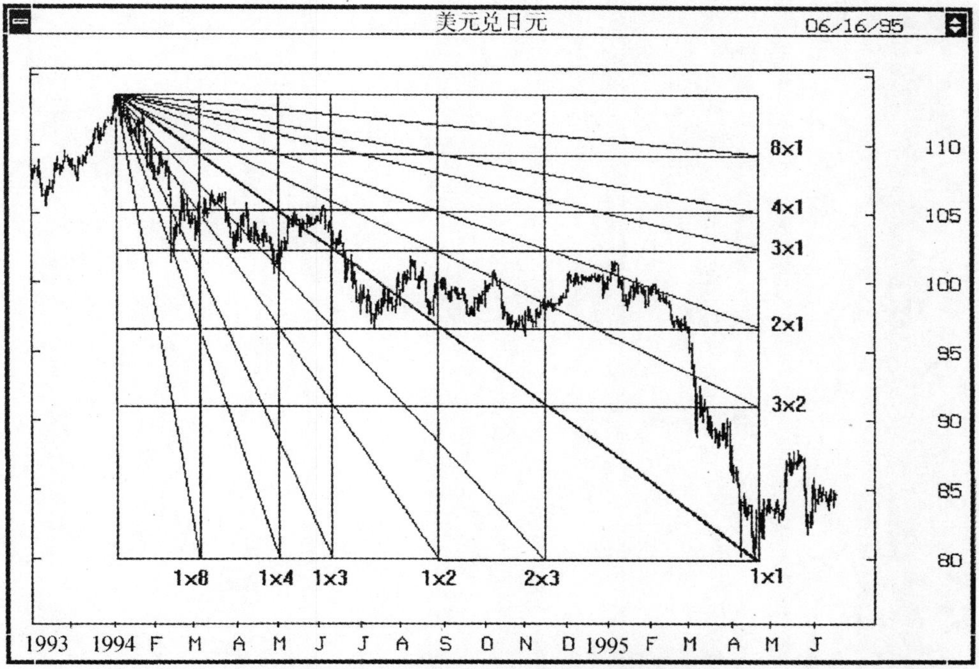

图 1.24　美元兑日元日线图与江恩角度线

从趋势分析方法的发展来看，大家渐渐印证到江恩所说的时间价位关系并非互不相干，其实里面隐含着重要的市场原理。

第二章

江恩的市场几何学

江恩的时间价位四方形本身隐含一个重要原理，就是时间等如价位、价位等如时间，两者可以互相转化。

江恩所应用的是典型的金融几何学，他的分析方法包括：

（1）三角形——时间与价位之间的角度线，称为江恩线。

（2）四方形——江恩的名言是："当时间的幅度与价位的幅度相等，组成一个四方形的时候，市场将出现转势。"在江恩的分析方法里面，他认为每个市场作用是受到独特的四方形所左右。例如江恩正方形，便是以螺旋形产生市场的支撑及阻力位。较为常用的包括：

① 52 正方形（Square of 52）；

② 90 正方形（Square of 90）；

③ 144 正方形（Square of 144）。

（3）圆形——江恩认为，市场的运行，每个价位与时间，都跟随圆形的角度运行。

江恩认为，圆形是一个十分重要的观念，圆形代表市场的循环及运转。而圆形每一个段落的完结亦反映市场的某个趋势的结束。

一个圆形为 360°，将 360° 按不同的数划分段落，可得到不同的支撑及阻力数字，以下是一些重要的支撑及阻力数字：

360 除以 2：180、360。

360 除以 3：120、240、360。

360 除以 4：90、180、270、360。

360 除以 5：72、144、216、288、360。

360 除以 6：60、120、180、240、300、360。

360 除以 7：51、103、154、206、257、308、360。

360 除以 8：45、90、135、180、225、270、315、360。

360 除以 9：40、80、120、160、200、240、280、320、360。

上面的数字，不但可以作为价位的支撑及阻力位，而且也可以作为时间的支撑或阻力。即当时间到达上述数字的日数、周数或月数时，市势将可能出现一个主要的顶部 / 底部或次要的顶部 / 底部。

江恩时间价位四方形

江恩的时间价位四方形为我们提供了重要的市场信息，其中包括：

（1）价位的1/2、1/3、1/4及1/8的分割比率，可以预计市场的支撑及阻力位。

（2）时间循环上的1/2、1/3、1/4及1/8的分割比率，可以预计每一个浪的时间幅度之间的关系。

（3）除了分割比率外，江恩四方形亦利用角度线为我们分析时间、价位之间的相互关系，其中最重要的是由左下角开始的上升角度线。不过，对于江恩的时间价位四方形理论而言，由四方形的四个角向内伸展的江恩角度线，对于市场的走势同样起着支撑及阻力的作用（图2.1）。

其实，归根结底，江恩的时间价位四方形本身隐含一个重要原理，就是时间等如价位、价位等如时间，两者可以互相转化。

举例而言，图2.1的上升推动浪运行8个价位单位后见顶，若将此8个价位单位转化成时间，便成为江恩时间价位四方形的横轴。据江恩市场原理，一个市场的转折点便会在第八个时间单位时出现，从而将时间平衡其价位幅度，以完成一个四方形的市场循环。

美元兑马克在1992年9月至1994年2月的升浪中，出现一个近乎完美的江恩时间价位四方形走势（图2.2），其中技术原理可供读者仔细研究。

这个时间价位四方形亦可称为360四方形（Square of 360），若我们以一个交易日等于0.0010马克计算，便可以由1992年9月2日1.3860马克开始，制成一个价位幅度0.3600马克及时间幅度360个交易日的四方形。

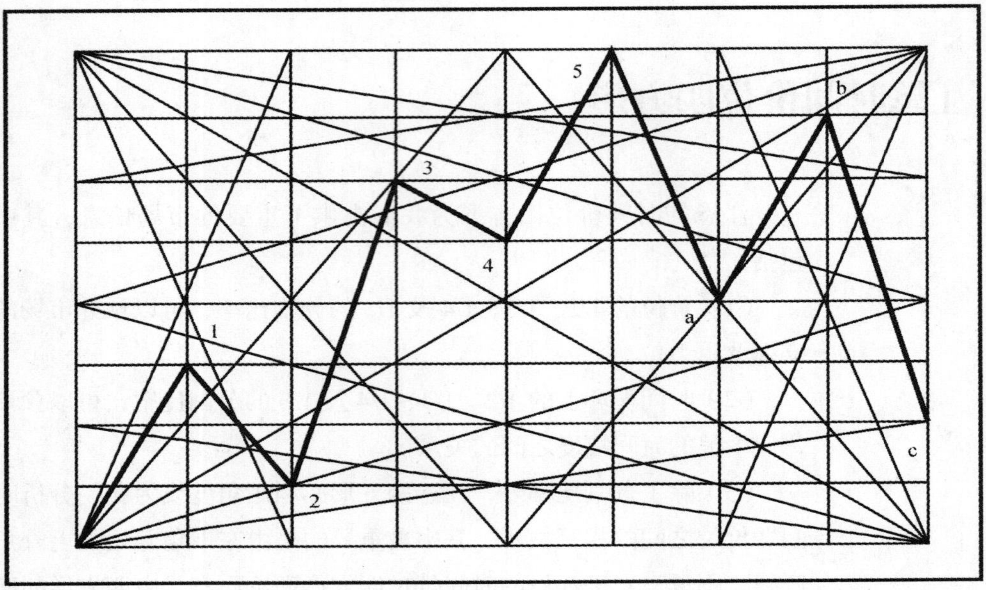

图 2.1 时间价位计算器与波浪形态比较图

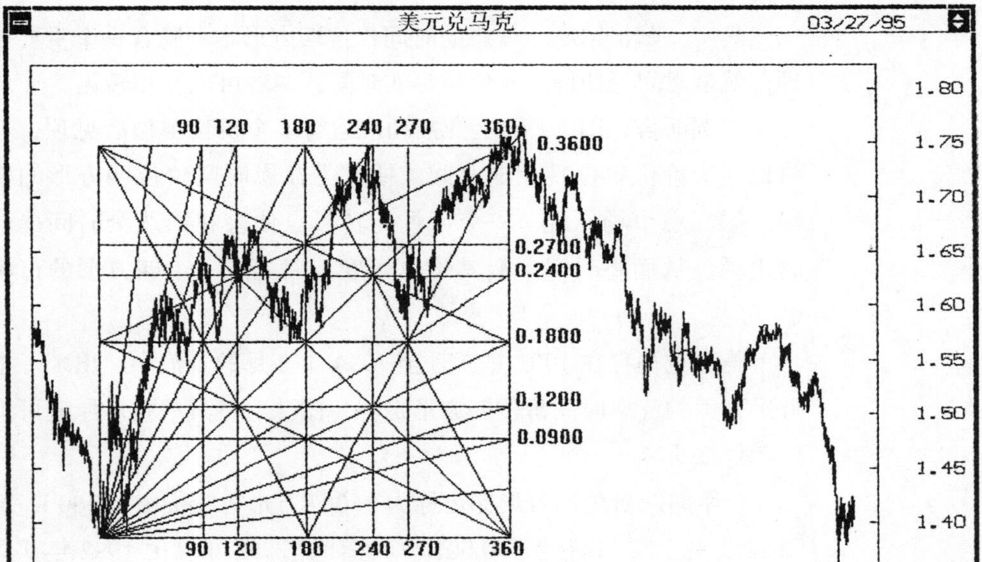

图 2.2 美元兑马克月线图与江恩四方形

在这个四方形内，美元兑马克每约 90 天、120 天、180 天、240 天及 270 天便出现一次重要的市势逆转，充分体现江恩周期的力量。

在价位方面，从图 2.2 中大家可以发现，美元每在 1.3860 马克以来的上升 1×1 线上出现转势，前者在第 180 天的 1.56 马克水平上出现反弹；后者在跌破 1×1 线后反弹回 1×1 线，以完成整个 360 四方形才转势回落。

值得注意的是，如图 2.3 所示，美元的三个主要顶部：1993 年 3 月 1.6735 马克、1993 年 8 月 1.7485 马克及 1994 年 2 月 1.7686 马克，均出现在江恩的上升角度线上，其角度依次序则为 1×2 线、2×3 线及 1×1 线，反映美元的几个重要顶部都存在着几何关系，值得我们仔细研究。

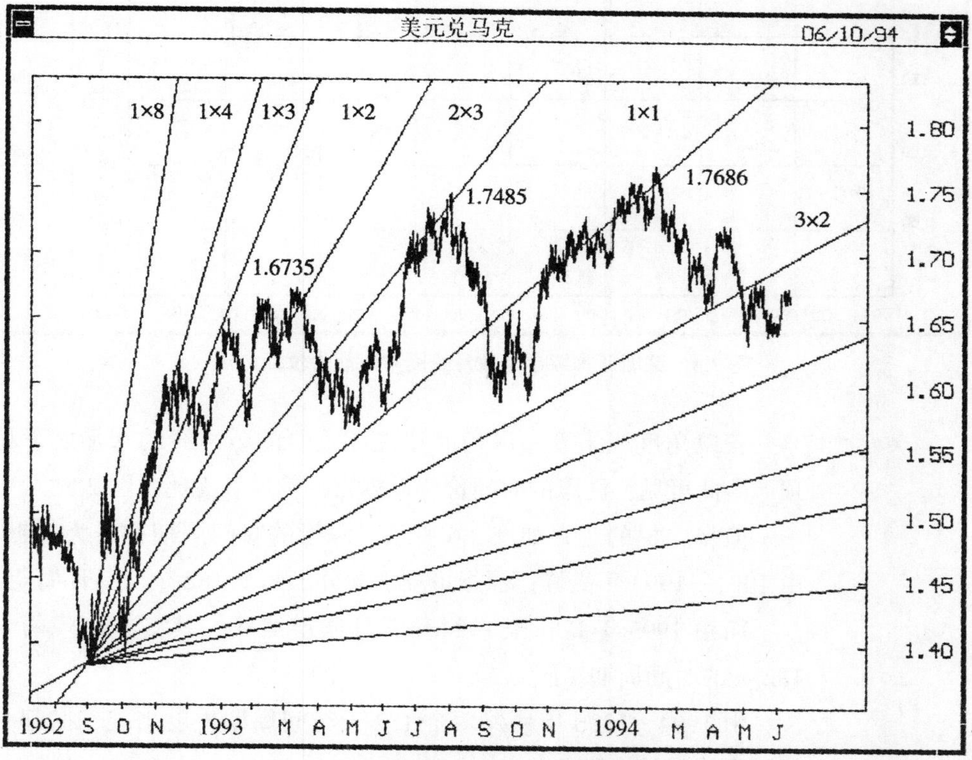

图 2.3 美元兑马克月线图与江恩角度线

深圳证券综合指数自成立以来，大致上亦出现江恩所描述的时间价位关系。

如图 2.4 所示，由 1991—1993 年的高峰期，深指大致上走完一个 360 时间价位四方形，其中，价位走完 360 点，而时间走完 360 个交易日，之后深指的第一个大牛市亦由此结束。

图 2.4　深圳证券综合指数月线图与时间价位四方形

若以角度线来看，深指亦往往在重要的阻力线的水平之下见顶。由此可见，江恩的时间价位计算器的确奥妙无比（图 2.5）。

值得一提的是，如图 2.6 所示，深指的时间周期亦极为有趣。由 1991—1993 年高峰，深指可准确划分出两个 182 个交易日周期。

而由 1993 年高峰至 1994 年 7 月熊市浪底，其实亦出现两个 182 天的时间周期（图 2.7）。

由 1994—1996 年另外两个 182 天时间周期再度出现，掀起了另一次强烈的转势（图 2.8）。

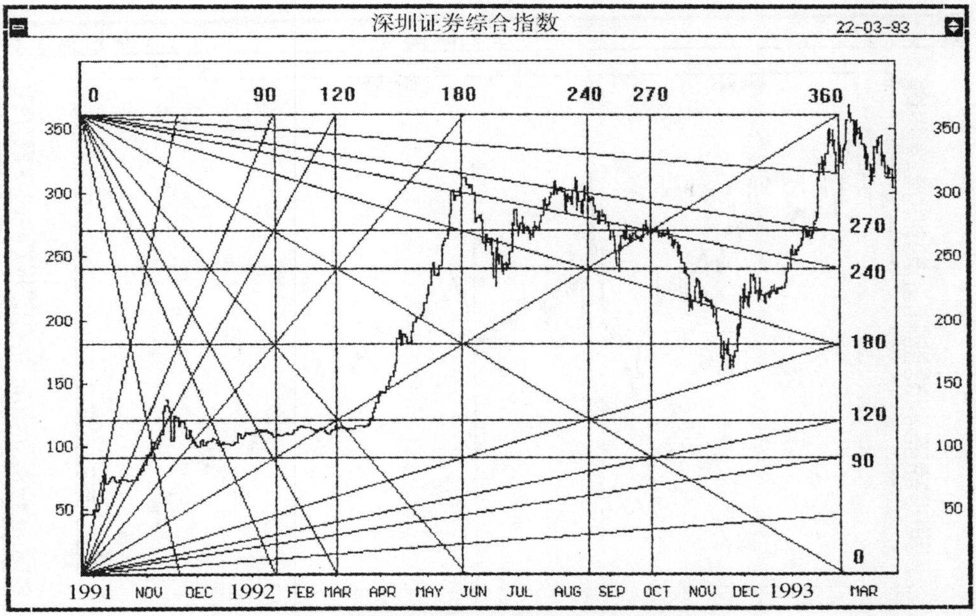

图 2.5　深圳证券综合指数月线图与江恩角度线

图 2.6　深圳证券综合指数 182 天时间周期（1）

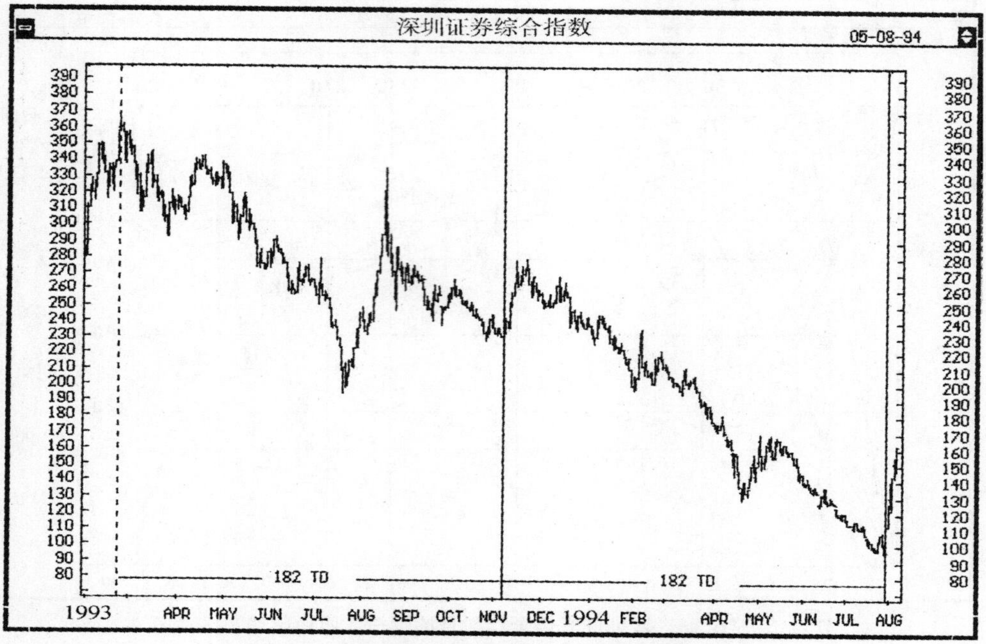

图 2.7　深圳证券综合指数 182 天时间周期（2）

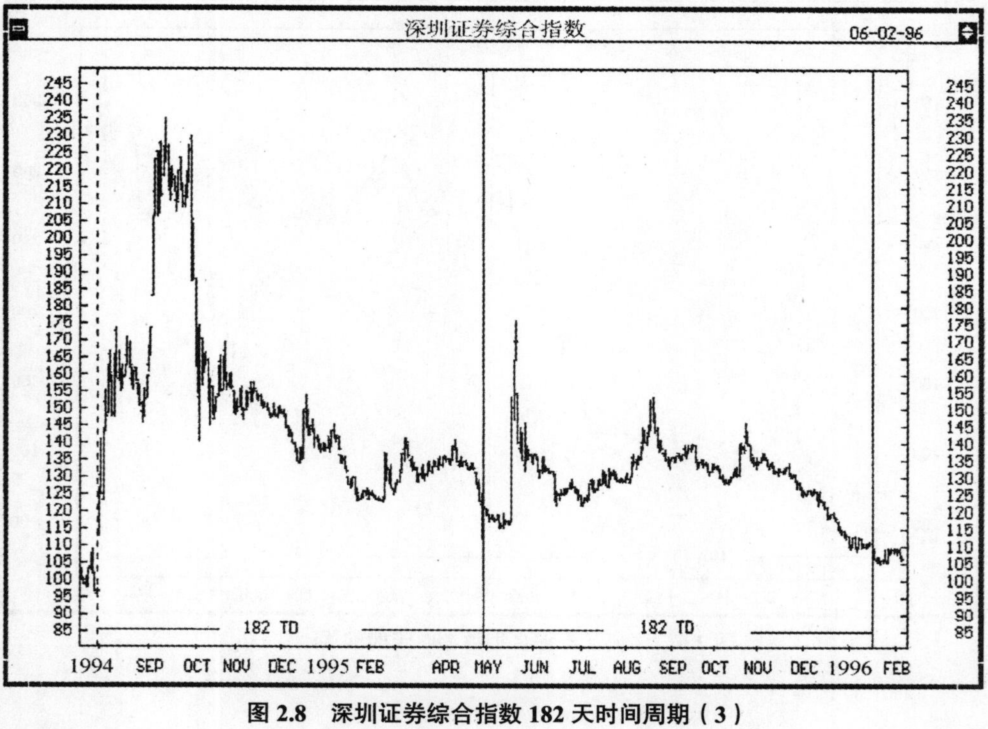

图 2.8　深圳证券综合指数 182 天时间周期（3）

江恩分界线

传统上图表的分界（Grid Line）以“十进制”价位为横分界线，以月份或年份为纵分界线，形成矩形网状的分界线。这种图表分界的方式帮助图表分析者清楚掌握市场在某些价位及时间的走势情况。

不过，如果我们深究这种图表分界方式的假设，可以发现，这种方式在某种程度上可以改变分析者对市势发展的观感。

第一，市场以阳历月份或年份为时间单位，分析者不自觉地便以这种太阳的时间周期为必然的时间分段方法，因而忽视了其他历法，例如阴历（月亮的时间周期）对于市场走势发展的影响。事实上，最理想的是我们可以根据不同的历法作为时间分界线的基础，那么我们便可以得到一些前所未见的市场、时间周期的信息。

第二，传统图表上的价位分界线以“十进制”为主，因此为我们制造了“十进制”的价位心理关口。事实上，如果我们使用另外一些价位分界的标准，那么对于市场支撑或阻力位的了解或许会不一样。

老式的、传统的图表格式对于市场几何学家而言，是充满误导成分的，它将我们的视野规范在“十进制”之内，令我们忽视了市场的自然“进位”单位。

江恩的市场几何学中，有两种趋势的分界线非常重要：①将图表上已完成的趋势按江恩理论的1/3、1/4、1/8或1/16的方式划分，作为价位的分界线。②将图表上已完成的趋势按神奇数字比率：0.146、0.236、0.382、0.5、0.618、0.764、0.854等划分，作为价位的分界线。

以澳元兑美元的日线图作一说明，图2.9将图表上由1993年9月至1994年12月的上升趋势的价位幅度按1/8及1/16的比率分界。

撇除“十进制”的规限后，在图表上我们清楚可见，1993 年 9—11 月的第 1 浪上升到达 2/8 的水平 0.8757 美元后回吐，到 1/16 的水平得到支撑，完成第 2 浪；第 3 浪上升至 5/8 的水平 0.7273 美元之后，第 4 浪回吐至 7/16 的支撑。

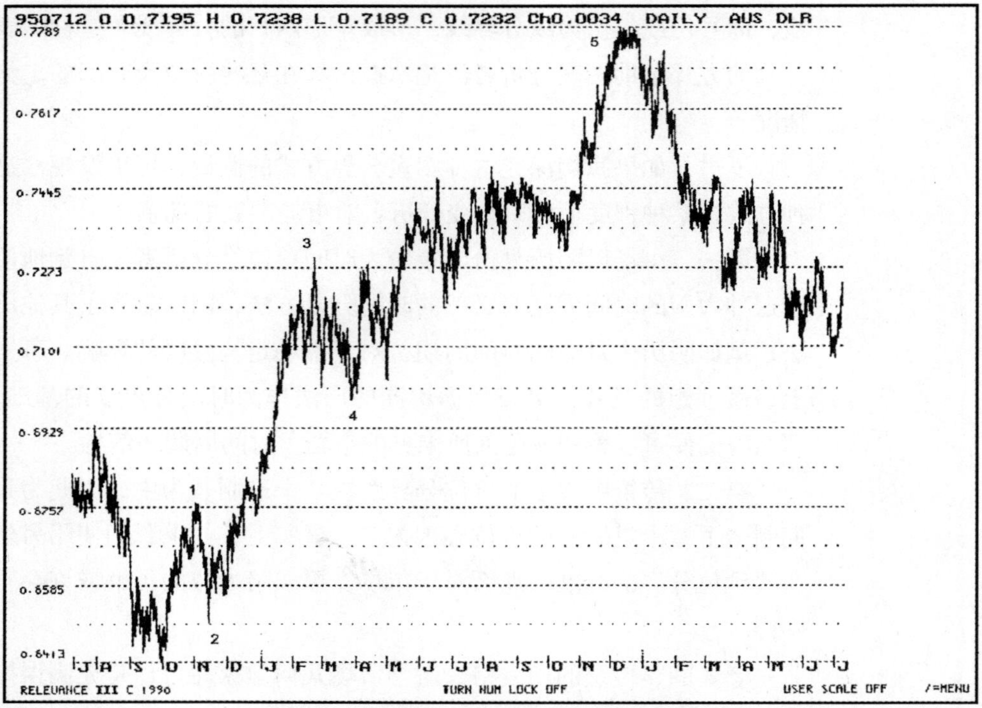

图 2.9　澳元兑美元日线图与几何分界线

第 5 浪以扩大斜线三角形运行，其中 6/8 为重要阻力。第 5 浪完成后，其调整浪以极快的速度回落至 50% 的支撑位。

在图表分界线上，江恩的方法别树一帜，效果极为显著。江恩的方法称为江恩图表分界线（Gann’s Grid Lines）。他以时间、价位 1 ∶ 1 的比例画成向上及向下的 1×1 线，又将每一条线以特定的市场周期分隔，包括 24、36、45、52、60、72、81、90、100、120 或 144 个单位等，从而形成交叉式的网状图表分界线，以取代矩形的图表分界线。

江恩这种方法的好处，是帮助分析者清楚了解当时市场所处的时间价位周期，有助于准确判断市势的发展。

图 2.10 是美元兑马克的日线图，图中网状菱形方格是江恩独有的图表分界线，以每一交易日运行 0.0010 马克为基准，每一个垂直交叉点之间相距价位为 0.1440 点，而每一个水平线上的交叉点相距则为 144 个交易日，形成江恩的 144 正方形。

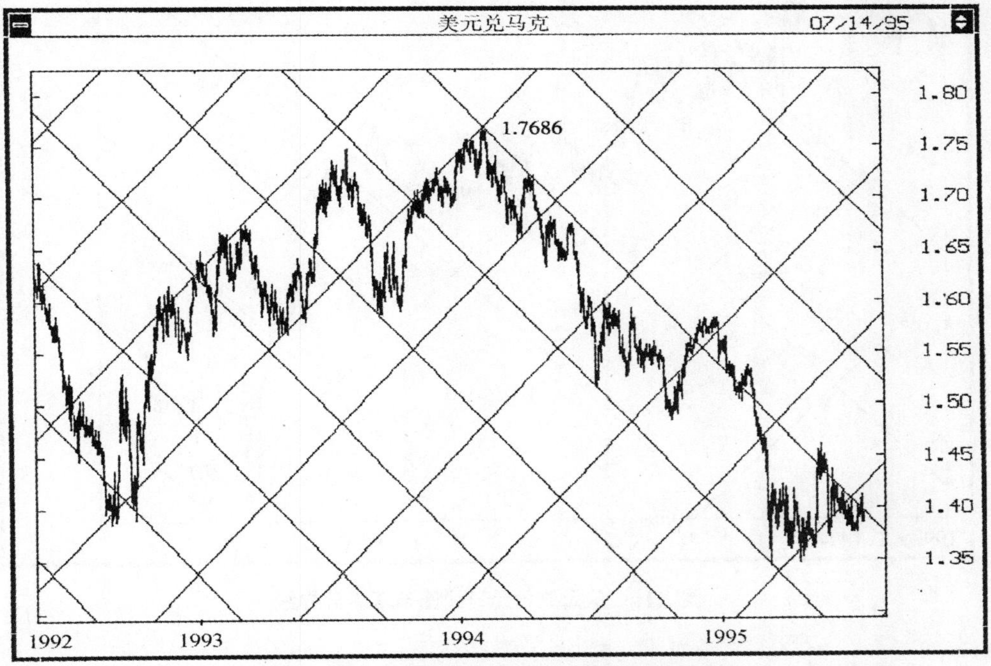

图 2.10　美元兑马克日线图与江恩图表分界线

若我们以此分界线作为分析图表时间、价位周期的基础，则可以发现，由 1994 年 2 月 8 日高点 1.7686 马克以来的汇价运行，往往可以在江恩的分界线上得到重要的支撑或阻力，其测市功效相当显著。

江恩的 1×1 分界线对于市场的走势往往起着十分重要的作用，以下再引用美元兑日元走势的例子作一说明。

图 2.11 是美元兑日元的日线图，图中网状分界线为江恩的

1×1 分界线，以每交易运行 0.10 日元为基准，而分界线分隔的周期为 144 个交易日及 14.40 日元，组成了 144 的时间价位关系。

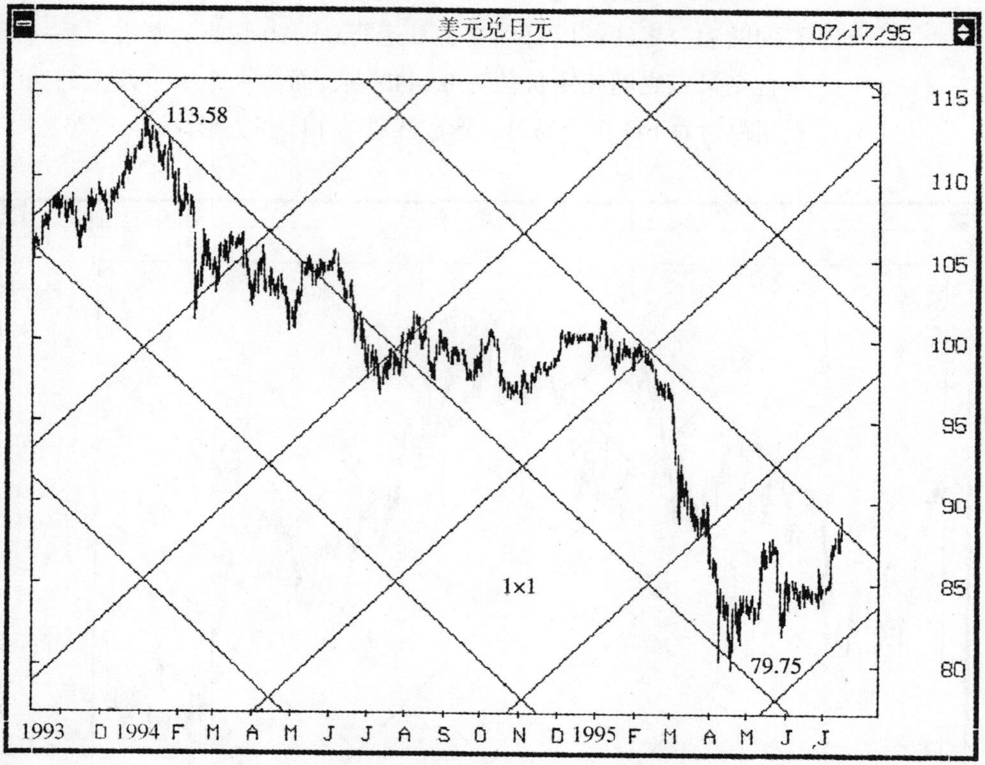

图 2.11　美元兑日元日线图与江恩分界线

上述江恩 1×1 分界线是由 1994 年 1 月 5 日 113.58 日元高位起计，其中的分界线，往往成为市场的重要支撑或阻力，其中最重要的是：

第一，美元兑日元于 1995 年 1 月到达分界线交点，之后展开一次急促的下跌浪。

第二，美元兑日元在 1995 年上半年的低位 4 月的 79.75 日元出现，刚到达分界线上的重要支撑。值得注意的是，这个支撑刚好为 1994 年 1 月高位 113.58 日元以来的 1×1 线，亦即上述两个高低点存在着一个 45° 的几何角度关系。

以上海证券综合指数为例（图 2.12），由 1990 年 12 月的零点起步，以每 36 个月上升 360 点及下降 360 点制作出江恩分界线，这些上升及下降的角度线每 18 个月相交一次。

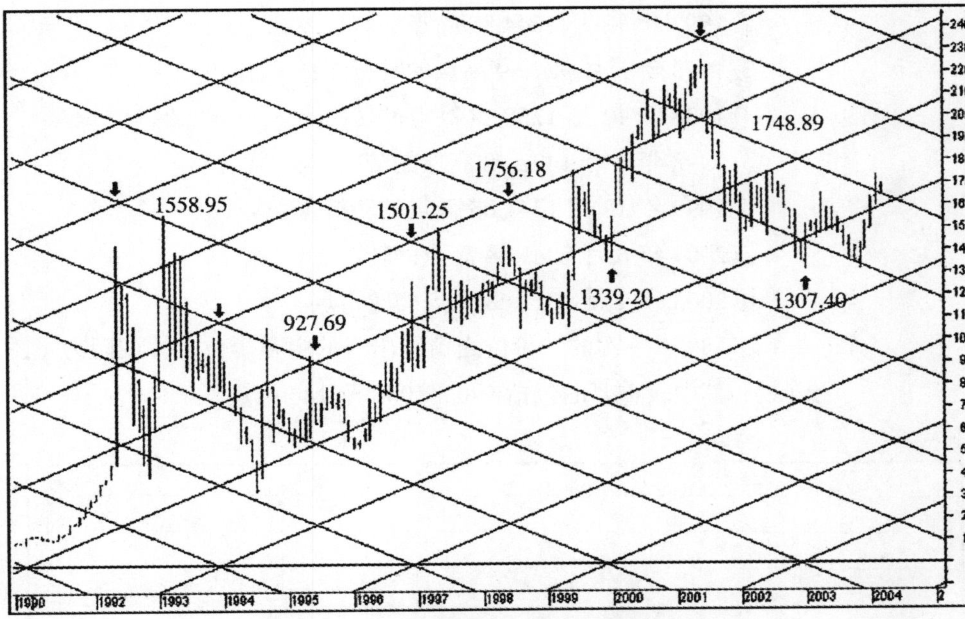

图 2.12　上海证券综合指数与江恩分界线

在应用江恩分界线的时候，有以下主要应用：

（1）分界线本身是市场的价位重要支撑或阻力位。

（2）每 18 个月一次的时间相交点，是市场发生逆转的“时间之窗”。

（3）每 180 点一次的价位交会点，是市场支撑或阻力的“价位之窗”。以价位重要支撑或阻力而言，可留意：

① 1993 年 2 月高点 1558.95；

② 1995 年 5 月高点 927.69；

③ 1997 年 5 月高点 1501.25；

④ 1999 年 6 月高点 1756.18；

⑤ 2002 年 1 月低点 1339.20；

⑥ 2002 年 6 月高点 1748.89；

⑦ 2003 年 11 月低点 1307.40。

另一种更为重要的应用是 18 个月的时间交会点，包括：

① 1992 年 5 月 1429.01 高点的转折点；

② 1993 年 12 月 1044.85 高点的转折点；

③ 1995 年 5 月 927.69 高点的转折点；

④ 1996 年 12 月 1258.28 高点的转折点；

⑤ 1998 年 6 月 1422.98 高点的转折点；

⑥ 1999 年 12 月 1341.05 低点的转折点；

⑦ 2001 年 6 月 2245.44 高点的转折点；

⑧ 2003 年 1 月 1311.68 低点的转折点。

以 180 点一次的“价位之窗”出现的主要价位支撑或阻力（图 2.13），其中较重要的包括 540、1080 及 1440 点。

图 2.13　上海证券综合指数月线图与江恩分界线

以香港恒生指数周线图的走势为例（图 2.14），由 1998 年 8 月低位 6544.79 开始，以每 36 星期上升 3600 点及下降 3600 点制作出江恩分界线，这些角度线每 18 星期相交一次。

在应用江恩分界线时，读者可留意恒指的趋势大致上沿着这些分界线运行。

另外，值得注意的是，分界线的交会点时间与不少市场的时间转折点都非常接近，其中较为重要的已在图 2.14 中用箭头标示。其中，2001 年“9・11 事件”低点的时间及 2002 年 5 月高点的时间与分界线交叉点时间互相重合。

此外，从交叉点的价位水平来看，2003 年 4 月低位 8331.87 的水平，亦为一个分界线的交叉点价位水平，值得特别留意。

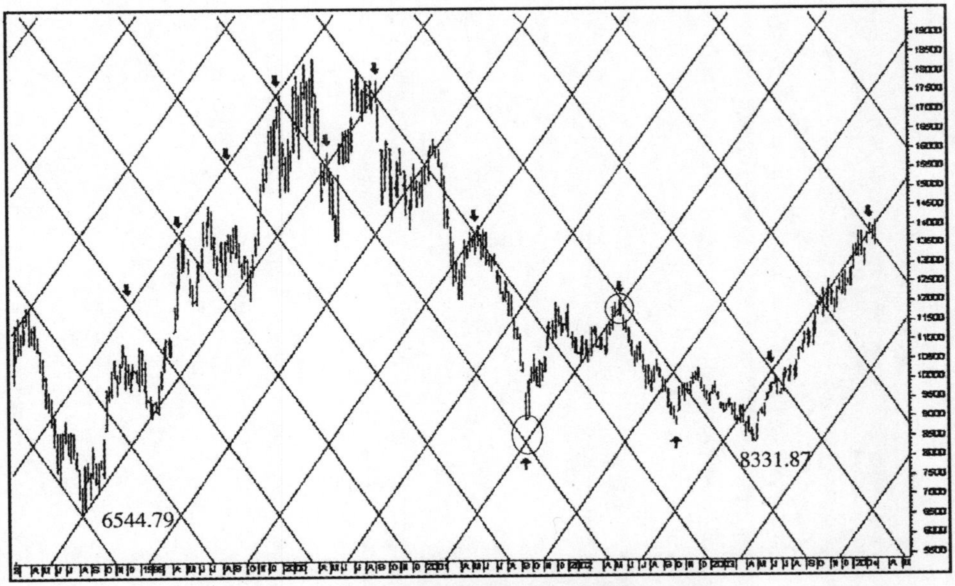

图 2.14 香港恒生指数周线图与江恩分界线

第三章

江恩空间理论

在市场几何学中，“空间”分析主要有以下规则：当正在运行的趋势之下的面积（或称空间）与之前的趋势之下的面积形成倍数的关系时，正在运行中的趋势，便有转势的可能。

空间分析

江恩的市场几何学论述一直强调时间、价位之间的角度，可以说为我们的金融图表分析提供极大的启示作用。从更抽象的层面来看，一条垂直的价位轴，一条水平的时间轴，以及拥有斜度的趋势线，实际上已形成了一个三条边的直角三角形（图 3.1）。理念上，直角三角形的几何特性对于金融走势分析意义相当重大。

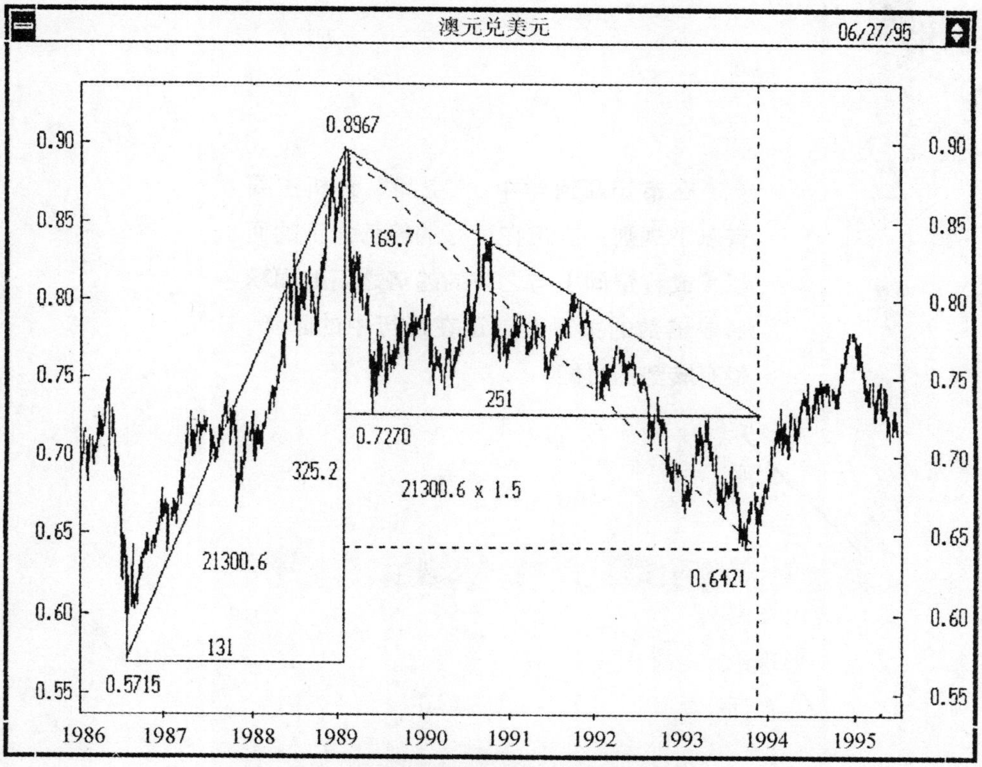

图 3.1　澳元兑美元月线图与空间分析

江恩经常指出，市场的时间、价位及空间，经常存在数学关系，对于走势分析极为重要。市场的时间及价位分析大家大体耳熟能详，但说到“空间”，不少分析者便会摸不着头脑。其实，江恩所谓的市场“空间”，实际上是指趋势线与时间、价位轴所形成直角三角形的面积。

在市场几何学中，“空间”分析主要有以下规则：当正在运行的趋势之下的面积（或称空间）与之前的趋势之下的面积形成倍数的关系时，正在运行中的趋势，便有转势的可能。在众多的倍数之中，1 ：1 的倍数最为重要，因为 1 ：1 关系体现了市场时间与价位平衡的原理。

矩形分析

原则上，计算两个直角三角形的面积比例与计算两个矩形面积的比例其方法相同。

由此，我们可以将市场几何学的“空间”理论引申至矩形的图表分析上。

江恩的名言是：“当时间与价位形成四方形的时候，转势便迫在眼前。”江恩的意思是，在特定的时间与价位比例下，如果时间运行的单位等如价位运行的单位，走势上到达平衡点，图表上形成一个四方形，市场便有可能出现转势。

实际而言，江恩将重点放在时间价位的四方形上，是要时间与价位到达重要的市场比率。例如，黄金分割比率、平方根比率等，市场便有可能出现转势。换言之，我们可以将江恩的时间价位四方形理论推展到时间价位的矩形分析。

话得说回来，矩形的对角线，实际上亦为市场走势的趋势线，亦适用在扇形的角度线分析上。

因此，将扇形线与时间价位矩形综合应用时，我们便得到一种时间价位矩形的增长方法，这些扩展开来的矩形，亦因此成为市场的重要转折点或支撑（阻力）位。

在应用时间价位的矩形分析时，以下两点值得注意：

第一，时间价位矩形的边长是市场的时间或价位的支撑或阻力，每一个矩形亦可看作是一个市场循环本身。

第二，时间价位矩形的对角线本身亦为市场走势的重要支撑或阻力，其中尤以对角线的交叉点支撑或阻力作用最大。

以美元兑马克的走势为例（图3.2），美元由1989年6月2.0480马克下跌至1991年2月低位1.4430马克，共下跌0.6050马克，而下跌趋势所运行的时间为87个星期。

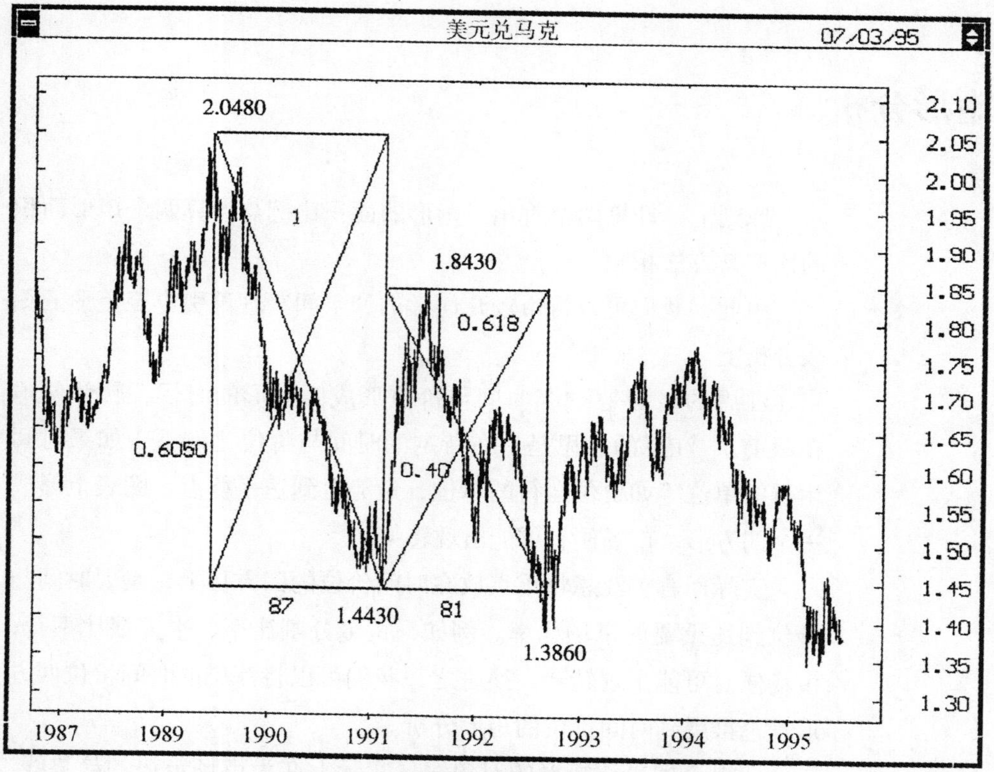

图3.2 美元兑马克月线图与空间关系

换言之，其“空间”为52.635个单位（0.6050×87）。

美元在1.4430马克见底后大幅反弹至1991年7月5日1.8430马克，共反弹0.4000马克，而其下一个重要的市场转折点则在1992年9月2日1.3860马克出现。

值得注意的是，美元由 1.4430 反弹至 1.8430 马克，共运行 0.4000 马克，而时间则运行了 81 个星期，其空间的单位为 32.40（0.4000 × 81）。

相当奇妙的是，后者矩形的空间 32.40 除以前者矩形的空间 52.635，约为黄金比率 0.618。换言之，上述两个矩形之间的空间关系为一个神奇数字的比率。

空间理论与角度线

江恩的空间理论认为，每一个市场趋势都与其之前或之后的趋势存在着数学及几何上的关系，其中市场空间的时间与价位 1 ∶ 1 平衡关系至为重要。

以下引用美元兑马克由 1991—1994 年为例作引证（图 3.3）。

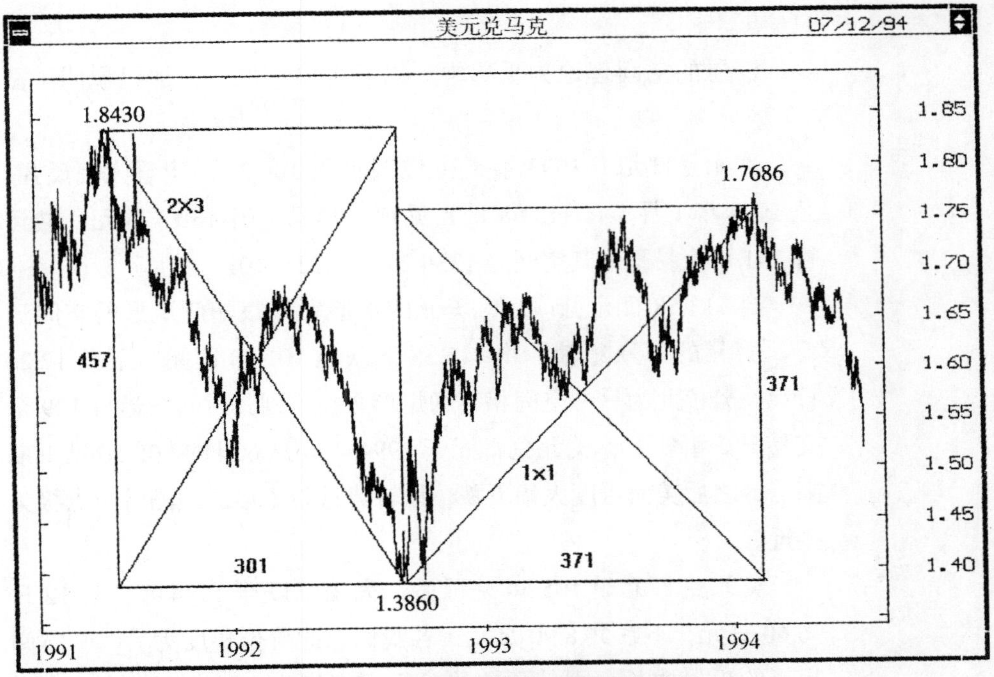

图 3.3　美元兑马克周线图与空间分析

美元兑马克由1991年7月5日高位1.8430马克开始，展开一个中期跌势，至1992年9月2日1.3860马克结束，整个跌浪下跌0.4570马克，共运行301个交易日。以每交易日运行0.0010马克为1 ：1的比例，美元便下跌457个价位单位以及301个时间单位，其“空间”为457乘以301，共137557个单位。值得注意的是，上述矩形空间对角线刚好为一条江恩下降2×3线，时间价位恰到好处。

江恩的“空间”原理认为趋势的“空间”平衡时，市场会出现转折点，上述例子成为最佳的引证。

美元兑马克由1992年9月2日1.3860马克开始的升势实际上根据一个江恩四方形运行，其对角线是1×1线。这个四方形若与其之前的趋势空间相等的话，其边长便等于前者“空间”137557的开方，即371个时间及价位单位。神奇得很，美元兑马克在1994年2月8日1.7686马克见顶，时间刚好运行371个交易日，而四方形的价位应在1.7570马克，与实际高位1.7686只相差116点。

江恩的空间理论异乎寻常，以下再引一例子，加以说明（图3.4）。

美元兑日元于1993年8月17日低见100.35后出现大幅反弹，至1994年1月5日113.58日元见顶，其间上升13.23日元，共运行101个交易日，其空间为1336.23（13.23×101）。

自113.58日元见顶后，美元的走势大致跟随此矩形的空间运行。美元的第一组浪，由113.58下跌至101.30日元，下跌12.28日元，若依此为另一空间相等的矩形边长，则其时间应运行109个交易日。事实上，美元兑日元于1994年6月6日的105.50见中期高点，之后美元再度大幅下跌，该转势日与矩形的预测转折点极为接近。

美元兑日元于105.50见顶后，大幅下跌至1994年7月12日96.60日元，下跌共8.90日元，若我们以此价位幅度为另一个空间相等的矩形边长，则其预期的时间幅度将为150个交易日。事实上，由 1994 年 6 月 6 日 105.50 日元起计，150 个交易日后为 1995 年 1 月 4 日高点 101.45 日元之所在，亦为一个重要的市场转折点。

由此可见，江恩的空间平衡理论对于预测市场的转折点，具有极为显著的作用。

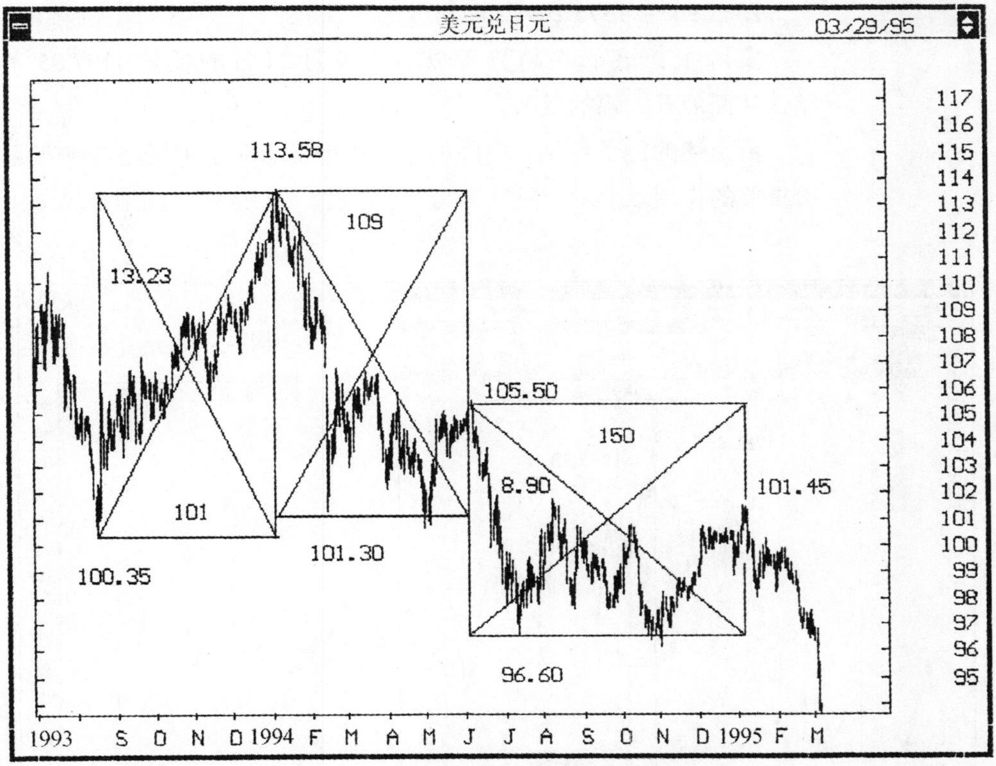

图 3.4 美元兑日元月线图与空间分析

以新加坡《海峡时报》指数为例（图 3.5），该指数由 1998 年 9 月 4 日低点 800.27 开始，上升至 2000 年 1 月 3 日 2582.94，高低幅度为 1782.67，时间为 486 个自然日。若将时间乘以价位幅度，其积为：

1782.67 × 486=866378

由 2000 年 1 月 3 日高点 2582.94 开始，该股市指数下跌至 2001 年 9 月 24 日低位 1197.85，时间幅度为 630 个自然日。

若我们假设同样“空间面积”影响着股市下跌趋势，则我们可以预期下跌趋势在2001年9月24日的“空间平衡点”是其之前上升趋势的空间除以下跌趋势的时间，即，

866378 ÷ 630=1375.20

其预期低位应在：

2582.94 — 1375.20=1207.74

实际上，该下跌趋势于2001年9月24日的低位1197.85完结，从而展开大幅的反弹。

由上述的例子可见，空间的1 ：1平衡点对于市场趋势确实起着重要的作用。

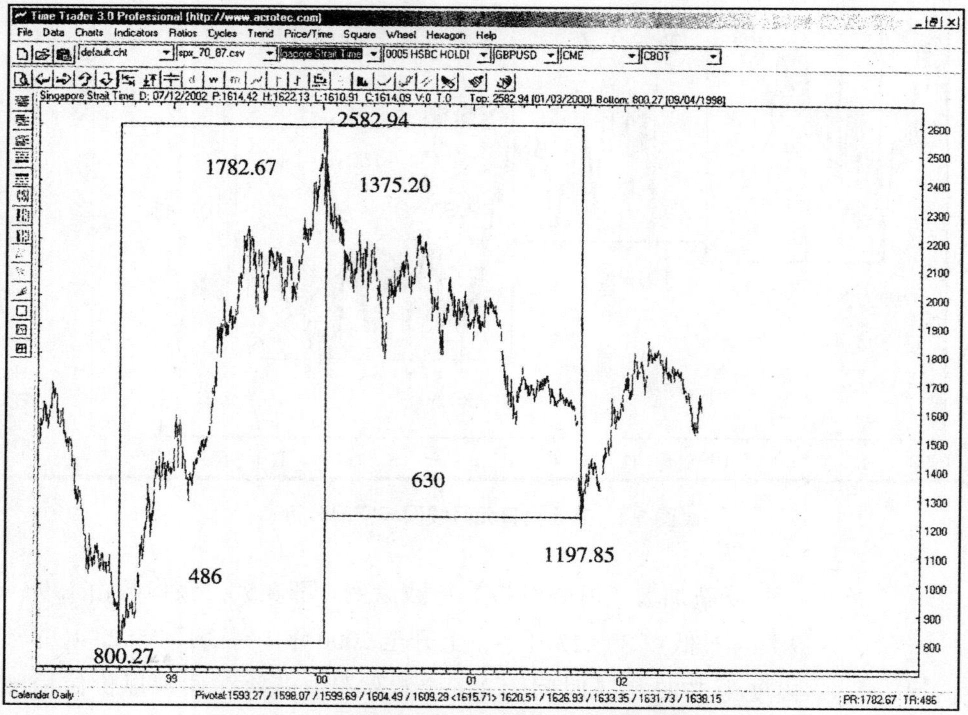

图3.5 新加坡《海峡时报》指数与空间分析

在应用空间分析时，读者要留意的是，两个趋势之间未必会以完全1 ：1的比例完成趋势，有时会与其他比率相间。然而，1 ：1

的比例所形成的空间平衡点仍然会对市势产生作用。

以香港恒生指数为例（图 3.6），由 1998 年 8 月 14 日低位 6544.79 至 2000 年 3 月高点 18397.57，上升趋势共运行 11852.78 点，时间为 593 个自然日，空间则为：

$11852.78 \times 593=7028699$

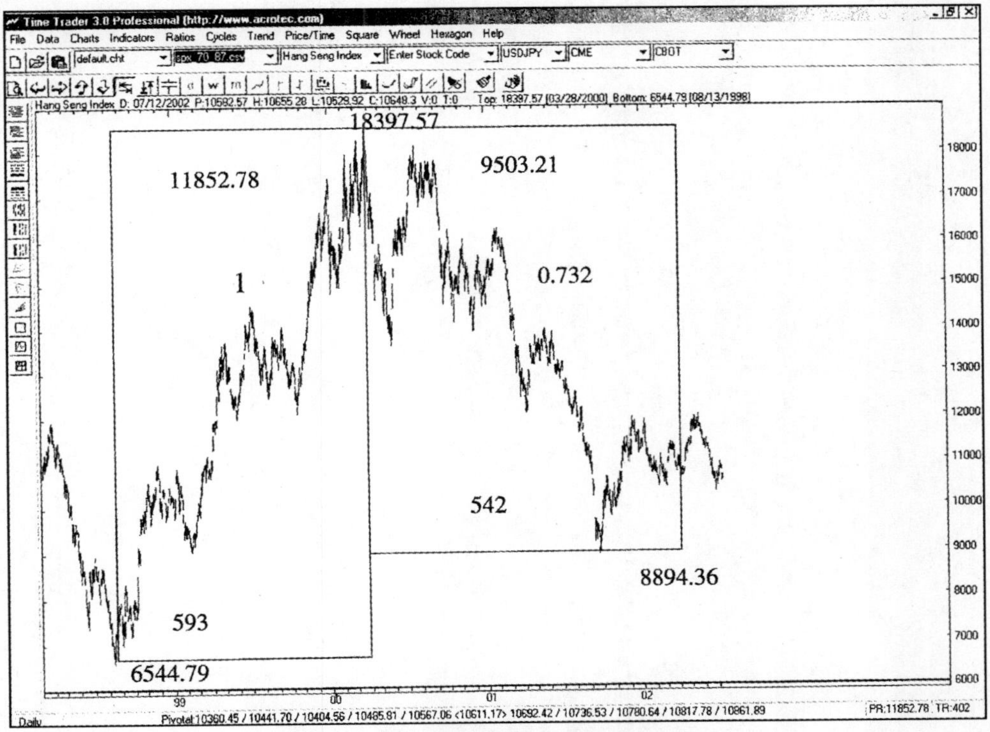

图 3.6　香港恒生指数日线图与空间分析

由 2000 年 3 月高点 18397.57 至 2001 年 9 月 21 日低点 8894.36，共下跌 9503.21 点，时间为 542 个自然日，空间则为：

$9503.21 \times 542=5150740$

后者是前者的 0.732 倍。若与之前的趋势一起计算，下跌趋势是上升及下跌趋势的 1.732 倍（上升趋势的空间为 1，下跌趋势的空间则为 0.732），即开方 3。

若计算 1 ∶ 1 的空间平衡点，可以用：

7028699 ÷ 9503.21=740

按计算，由2000年3月28日高点18397.57的第740个自然日是2002年4月7日，与2002年4月10日的转折低点只差3天，之后是一次大幅反弹。

第四章

圆形理论

在一个圆形里面，可设置一个四方形及三角形，但在其内，又可设置四方形及圆形，而在其外，亦同样可以设置一个四方形及圆形，上述证明了市场运行的四个面向。

江恩指出："圆形的 360° 与 9 个数字，是所有数学的根源。在一个圆形里面，可设置一个四方形及三角形，但在其内，又可设置四方形及圆形，而在其外，亦同样可以设置一个四方形及圆形，上述证明了市场运行的四个面向。"

上述文字相当难懂，但大致上可以分为两个部分：

第一部分，一个圆形里面，可设置一个四方形及三角形。这点相信稍微研究过江恩理论的读者已有头绪，就是将一个时间或价位周期按 1/3 及 1/4 分割之意，从而计算市场的时间或价位的转折点。

第二部分，在圆形里面，可设置四方形及圆形，而在其外，亦同样可以设置一个四方形及圆形，证明市场运行的四个面向（图 4.1）。

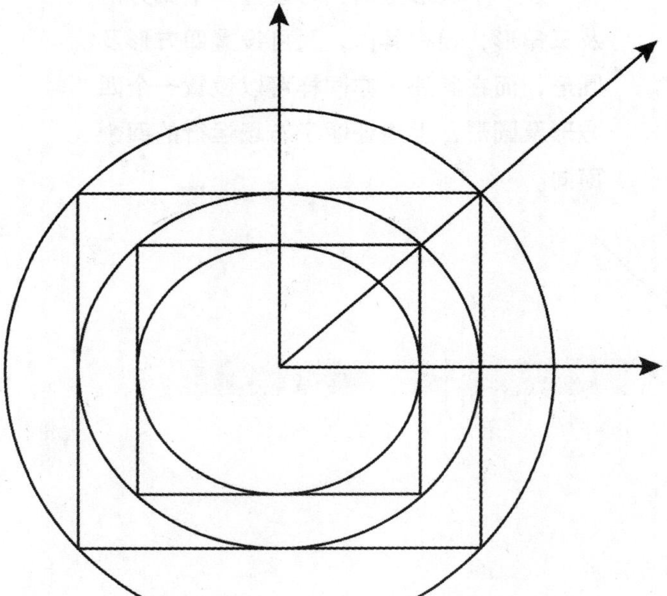

图 4.1　江恩的圆形理论

事实上，上述论述是从时间、价位的比例而言。假若中间的圆形半径为1的话，则纵横半径的时间、价位可形成一个时间价位四方形，而中间对角线为1×1线，这条1×1线的长度为1.414，亦即外圆的半径。

在中间的圆形之内，我们亦有一个圆形及四方形，这个四方形的对角线（1×1线）为1，而其边长则为0.707，亦即内圆的半径。换言之，0.707、1及1.414为市场的重要比率。

江恩“圆中有圆、方中有方”的几何学，为我们带出了0.707（1/2的平方根）、1.414（2的平方根），以及2（数字2本身）的市场比率的重要性。

以下引用美元兑马克周线图的例子予以说明（图4.2）。

美元兑马克由1992年9月低位1.3860至1994年2月高位1.7686基本形成一个江恩的时间价位四方形，这个四方形之外可构建一个圆形，而圆形之外亦可形成一个四方形及一个圆形。

依照江恩的理论，这些四方形及圆形将成为市场运行的方向。

从图4.2来看，美元兑马克在中间的圆形见顶后大幅下跌，到达外圆时为1995年7月的1.3800马克水平，之后出现一次强劲的反弹。

以价位而言，市场到达外圆的圆周时的价位与圆心的价位相同。此外，以时间而言，美元由1992年9月至1994年2月上升75星期；而美元由1994年2月高点下跌，至外圆周的时间亦运行了75星期，两者与圆周距离为2倍的关系。

详细的几何图形与汇价走势的配合，请参看图4.2。

上面从江恩“圆中有圆、方中有方”的几何理论分析美元兑马克的走势，重点是以1992年9月2日1.3860马克低位为整个几何结构的核心。若我们换一个角度来看，以1992年9月2日1.3860马克的低位为一个圆形的起始点，我们便可看到一些前所未有的市场几何结构（图4.3）。

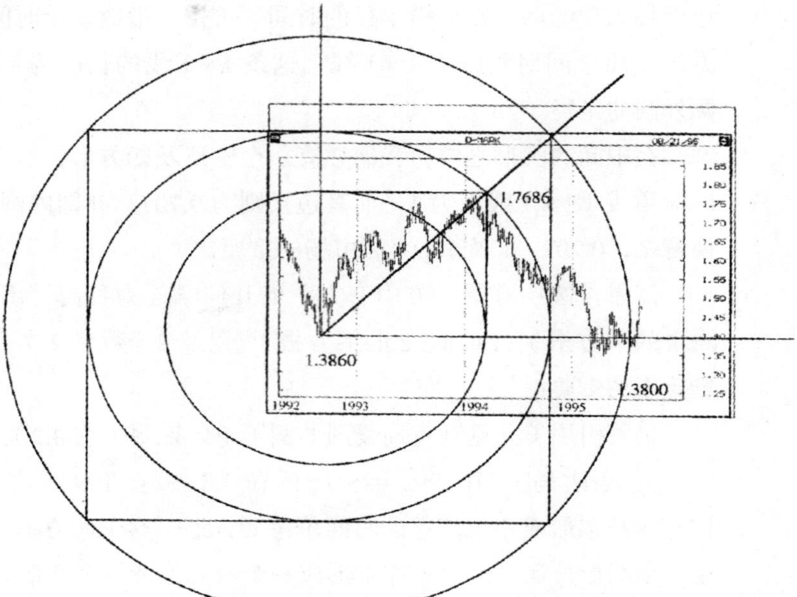

图 4.2　美元兑马克周线图与圆形比率

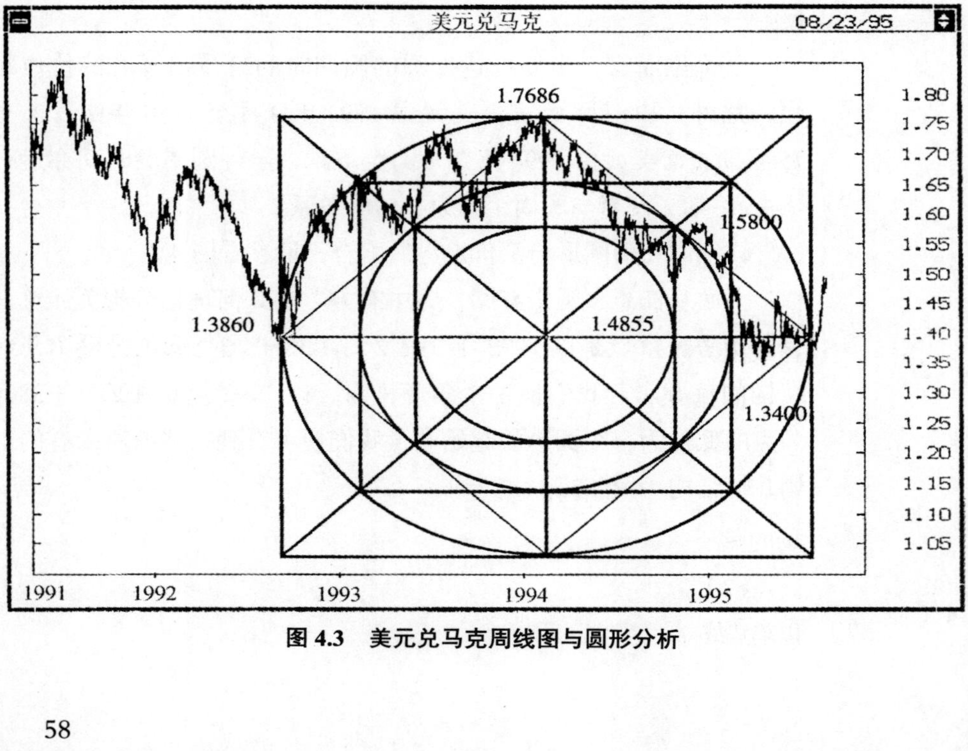

图 4.3　美元兑马克周线图与圆形分析

由这个结构我们可见，美元兑马克由 1992 年 9 月 1.3860 马克开始至 1994 年 2 月 1.7686 马克之间的升浪，大致便沿着江恩的几何结构中的外圆形与中间圆形所形成的上升轨运行，直至美元兑马克运行完成一个时间价位四方形为止。

美元兑马克于 1994 年 2 月 1.7686 见顶之后，一直沿着下降 1×1 江恩线下跌，直至价位到达内在的圆形后反弹。之后，美元的一次重要的转折点发生在 1994 年 10 月 25 日低位 1.4855 马克，由此美元反弹接近 1000 点。这个时间的转折点刚好发生在内在的四方形的右边。

值得注意的是，美元由 1994 年 12 月至 1995 年 3 月出现急促下挫，由 1.58 下跌至 1.34 马克的水平，其下跌的曲线便与中间圆形的下跌曲线极为相似，相当有趣。

最终，美元在外圆直径的另一边出现大反弹。

圆弧效应

当我们讨论到市场的趋势按角度而转变的时候，其实我们是暗示市场可能实际上按圆形的弧度而运行。其意思是，在特定的时间及价位图表比例下，我们以连接某段趋势的起点至终点的直线为一个圆形的半径，以趋势起点为圆心，则围绕着趋势起点之外，我们可以画出一条圆弧线（图 4.4），这条圆弧线在金融图表分析上，实际上大派用场。经验告诉我们，圆弧线是市场时间、价位的重要支撑或阻力。

圆弧效应在图表分析上有多种应用：

（1）若将图表上的半径向前延伸黄金比率 0.5 倍、0.618 倍、1 倍、1.382 倍、1.5 倍及 1.618 倍，所制作而成的圆弧线可能成为市场的重要支撑或阻力。

（2）将图表上趋势起点至终点连成一直线作为一个圆形的半径，以趋势终点为圆心，所画出新的圆弧线亦将成为市场的重要支撑或阻力。

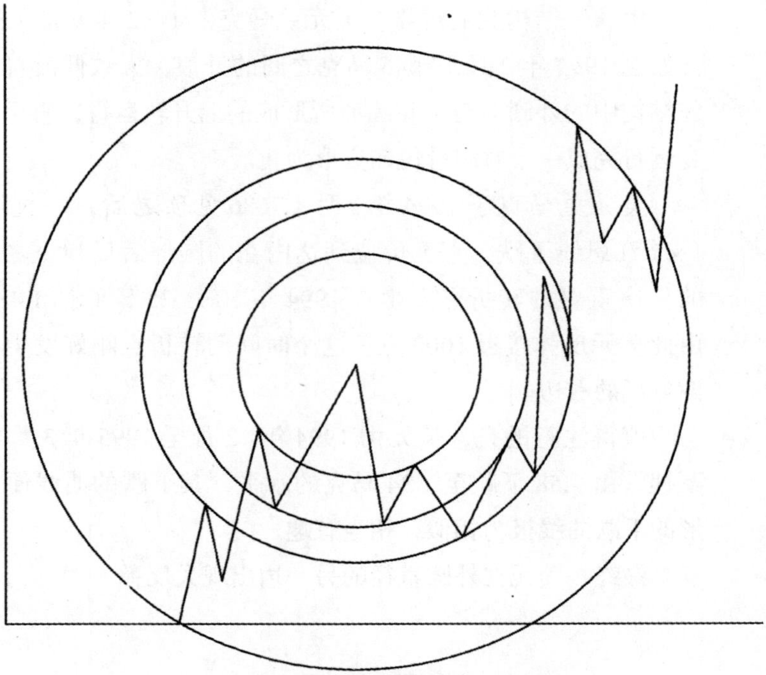

图 4.4　圆弧效应

（3）将原有趋势的起点至终点的直线按黄金比率 0.382 倍、0.5 倍或 0.618 倍分割，并以趋势终点为圆心，将可预先推演出市场新的圆弧支撑或阻力。

圆弧效应在金融市场中经常出现，并且与角度线相辅相成，值得我们细心研究。

图 4.5 是美元兑马克的日线图，美元在 1994 年 2 月 8 日以 1.7686 马克见顶，开始一个中期的下跌趋势，贯穿这个下跌趋势的是一条江恩 2×3 线，以每两个交易日下跌 30 点。这条角度线分别成为 1994 年 10 月 1.4800 马克以及 1995 年 3 月 1.3430 马克的重要支撑点。

若我们以美元的主要顶部 1.7686 马克为一个圆心，江恩 2×3 线为半径，可以制作出市场的时间价位支撑线，或称之为圆弧线，在这条圆弧线及圆弧线的倍数之上，市场经常出现反作用。

以图 4.5 为例，笔者连接 1.7686 马克高点以及 1994 年 7 月 12

日市场中期跌浪低点 1.5150 马克作为半径，制作一条圆弧线作为市场的支撑水平，并且以上述圆弧线的半径增加一倍，以圆弧线预测下一个市场跌浪的支撑位，结果发现，十分奇妙的是，美元在 1995 年 3 月 8 日低见 1.3430 马克，刚好到达此一圆弧线，亦同时到达 2×3 线的支撑，之后，美元便展开一次大幅的反弹，最高见 1.4600 马克，而这个反弹高点亦到达圆弧线的阻力位。

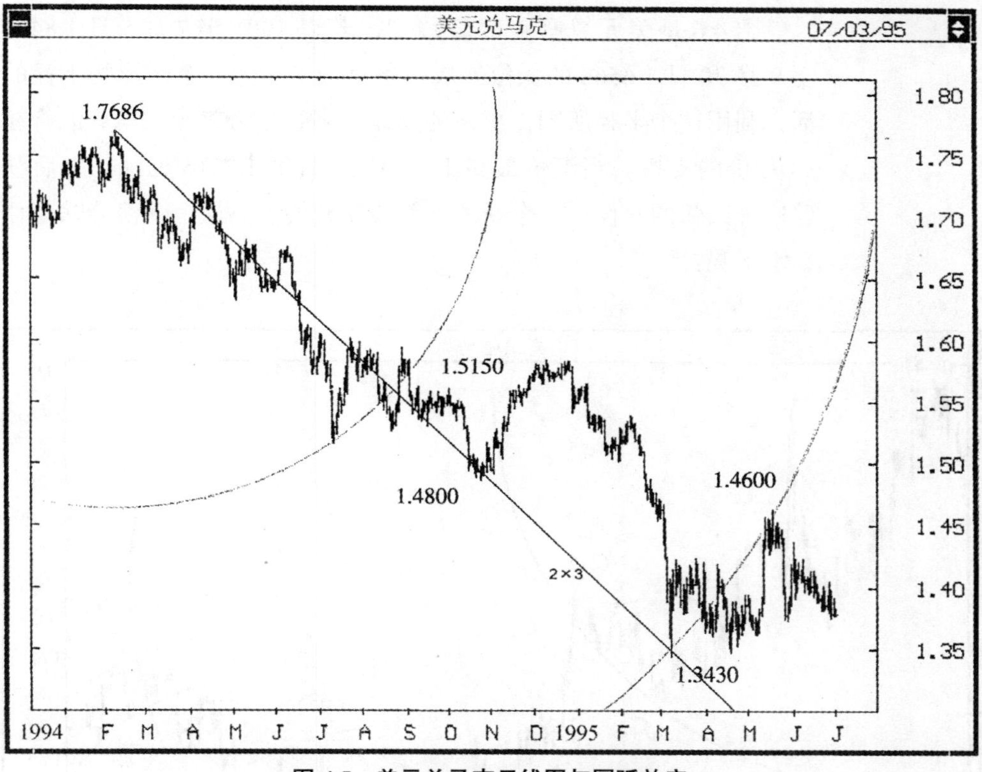

图 4.5 美元兑马克日线图与圆弧效应

市场的圆弧作用

江恩的世界观是圆形的，因此，他强调市场时间循环的重要性比价位更为重要。不过，在他的分析方法里面，他十分着重于时间与价位的综合分析。他认为，时间的循环不断在市场之内重现，而价位的形态亦不断重复出现，令市场的预测成为可能。当时间与价位到达了某种关系的时候，市场会出现“震荡”。

时间与价位的关系如何界定呢？江恩提供的方法是角度线的分析。其实，若我们将江恩的圆形观念放在市场上应用的话，会更加明白江恩的时间价位循环观念。

图 4.6 是美元兑马克的日线图，若以 1991 年 7 月 5 日 1.8430 至 9 月 30 日 1.6568 的低位连成一条直线，作为一个圆形的半径的话，利用这个半径所制作出来的圆弧，刚好成为美元兑马克汇价在 10 月份的支撑。当汇价最高于 10 月 28 日的 1.7215 见顶，之后跌破这个圆弧的时候，一个新的下跌浪便开始了。这个跌浪会跌至什么水平呢？

图 4.6 美元兑马克日线图与圆弧作用

利用上述的半径，以10月28日1.7215的高位作为圆心，下一个圆弧的水平便是这个跌浪的目标。结果，美元兑马克于1991年12月27日的1.5015见底，刚刚到达这个圆弧的支撑上。

从1.5015以来，汇价都在这个圆弧之内，沿着圆弧反弹，最重要的支撑是美元在1992年2月10日1.5560低位反弹，令美元上升至1.6800的水平。

圆弧式调整

上面笔者利用圆形分析美元兑马克自1991年7月5日1.8430以来的时间价位阻力。以下继续分析由1991年12月27日1.5015以来的走势。

其实，分析的方法与上面所提出的一样。由1991年12月27日的1.5015开始，美元上升至1992年1月17日的1.6355，上升1340点，共享时间21天。

我们以1.5015至1.6355两点的距离作为圆形半径的长度，可以制作出第一个圆弧。由于汇价突破第一个圆弧，我们可以由2月10日的1.5560起作为圆心，计算上升目标的区域。结果，美元上升至1.6800马克附近便遭遇到这个圆弧的阻力，3月20日稍破这个水平，但无法超越。

从图4.6可见，美元的涨落调整区域并非传统般以两个价位为上下限，而是由两条圆弧线所构成，价位波动区域随时间而下移。

弧形的江恩线

上面讨论过利用圆形来分析美元兑马克的走势，所用的分析方法是时间与价位之间关系的结合分析，我们的结论是汇价的趋势逆转不单是因为在价位上受到阻力，同时是因为在时间上亦受到了阻力。价位的支撑或阻力，会随着时间的过去而改变，时间转换成价位，价位转变成时间。

这并不是什么新的理论。试想，初涉技术分析时，第一课便是趋势线。上升支撑线的意思是，价位的支撑随着时间而上升，亦就是说时间转变成价位，理论基础完全一致。但我们的盲点是，忽略了时间转变成价位的比例和速度，这点要等到 20 世纪上半叶的江恩告诉我们，我们才恍然大悟。

从江恩的角度线配合圆形的弧度，我们可以得到一个时间与价位的转换机制。由于圆形的半径是均等的，每一条半径便代表了市场力量的平衡点。江恩的角度线亦代表价位与时间的某个平衡，而角度线其实亦是圆形的半径。因此，当价位走到某个圆形的弧度遇到支撑的时候，价位会倾向沿着一个弧度反弹至另一个角度。

由图 4.7 可见，美元兑马克于 1991 年 7 月 5 日的 1.8430 下

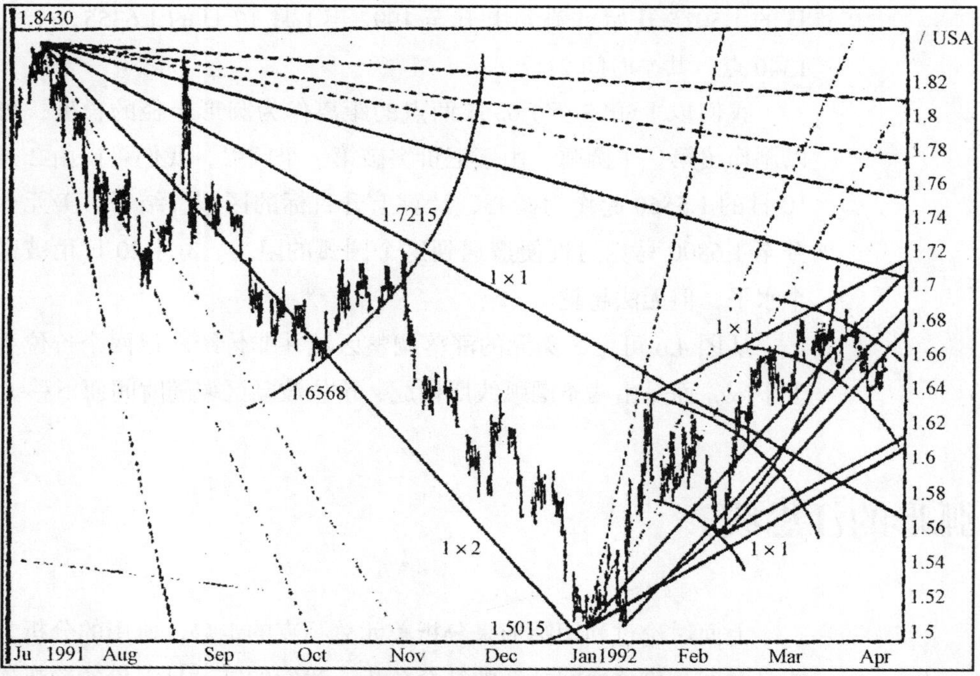

图 4.7　美元兑马克日线图与弧形江恩线

跌至9月30日的1.6568，价位基本是沿着1×2江恩线下跌，到1.6568遇阻力时，便沿着弧形反弹至1×1线的1.7215，才跌破这个时间价位的弧形支撑。

黄金圆弧线

一般来说，我们应用的黄金分割比率0.382、0.5及0.618，都集中在价位幅度上的分割应用，以预测市场的支撑或阻力位。其后有一批市场循环理论家将之应用在趋势时间上的分割，以预测市场的转折点，其成绩斐然。事实上，当我们分析金融市场的走势时，市场的时间及价位并非完全对等分割，其实上述两者的关系应该综合加以分析。若将上述两者结合分析，唯有黄金圆弧线（Golden Arc）可以胜任。

黄金圆弧线是将市场上一个趋势的时间、价位幅度按0.382、0.5及0.618分割成三份，并与其分割点及趋势终点连成半径，从而推演出三条圆弧线。这三条圆弧线将有效预测市场未来趋势的重要支撑及阻力。

以澳元为例（图4.8），澳元由1989年2月高点0.8967美元大幅下跌，至1993年10月0.6410美元，完成整个下跌的趋势，从江恩角度线来看，下跌浪刚好在1×1线上结束（这条1×1线每星期下跌0.0010美元）。

若将上述下跌趋势按黄金比率分割，从而制作三条圆弧线，则相当巧妙的是，其0.382圆弧线便成为1994年12月澳元见顶时的重要阻力。

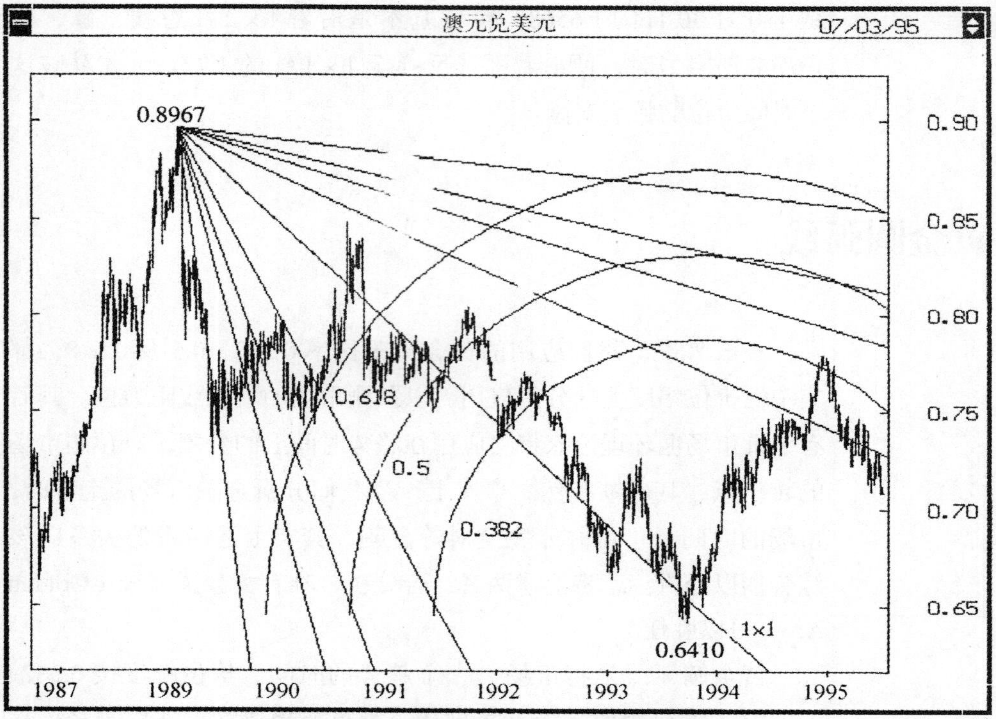

图 4.8　澳元兑美元月线图与黄金圆弧线

以上海证券综合指数月线图为例，有以下分析：

（1）以 1993 年 2 月高点 1558.95 至 2001 年 6 月高点 2245.44 的直线为轴，引申出 0.382、0.5 及 0.618 的圆弧线，其中 0.382 的圆弧线成为 2002 年 1 月低位 1339.20 的支撑（图 4.9）。

（2）若以 1994 年 7 月低位 325.92 至 2001 年 6 月高点 2245.44 的直线为轴，引申出 0.382、0.5 及 0.618 的圆弧线，其中 0.382 的圆弧线成为 2003 年 1 月低位 1311.68 的支撑（图 4.10）。

（3）若以 1996 年 1 月低位 512.82 至 2001 年 6 月高点 2245.44 连成直线为轴，引申出 0.382、0.5 及 0.618 的圆弧线，其中 0.5 的圆弧线成为 2003 年 11 月低位 1307.40 的支撑（图 4.11）。

（4）若以 1994 年 7 月低位的零开始，至 2001 年 6 月高点 2245.44 形成的直线为轴，引申出 0.382、0.5 及 0.618 的圆弧线，其中 0.382 的圆弧线亦成为 2003 年 11 月低位 1307.40 的支撑（图 4.12）。

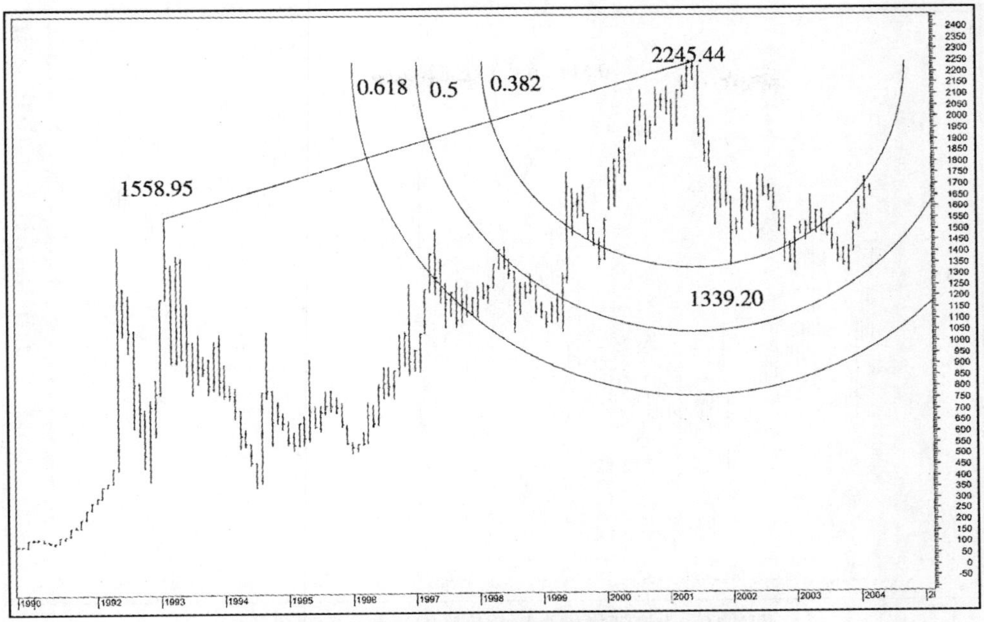

图 4.9 上海证券综合指数月线图与黄金圆弧线（1）

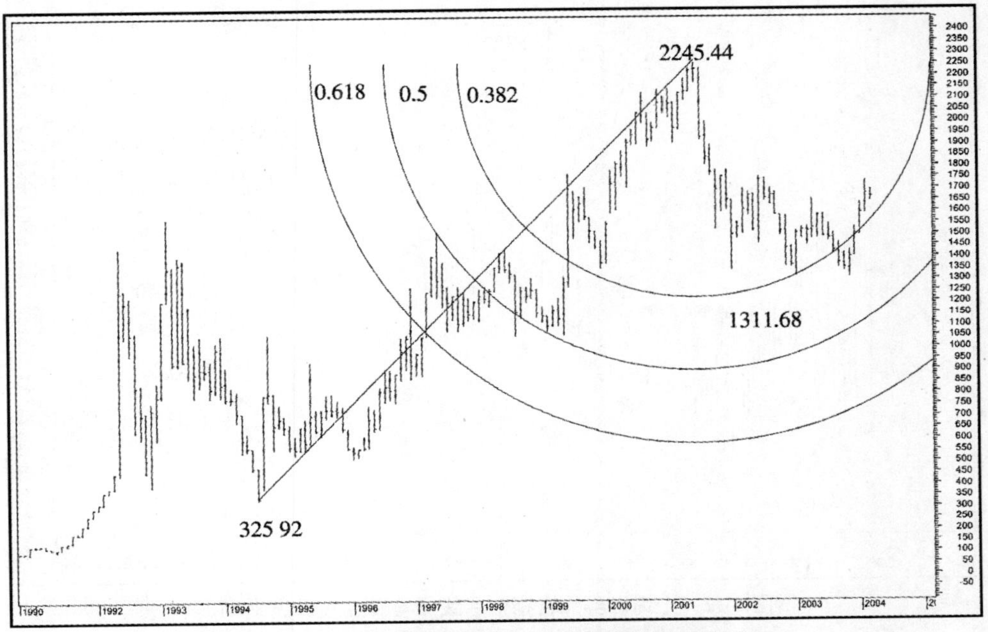

图 4.10 上海证券综合指数月线图与黄金圆弧线（2）

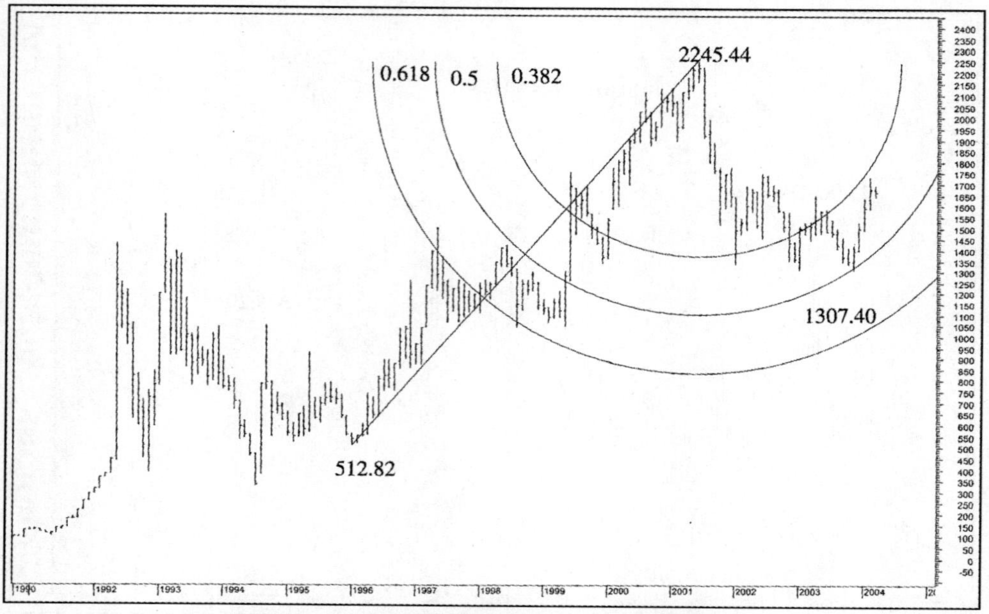

图 4.11　上海证券综合指数月线图与黄金圆弧线（3）

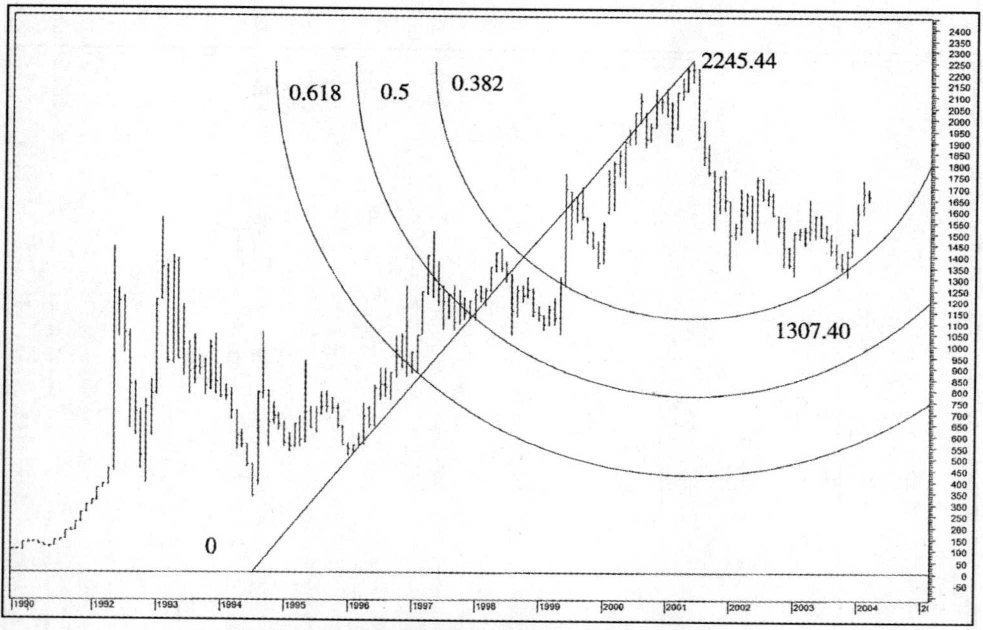

图 4.12　上海证券综合指数月线图与黄金圆弧线（4）

由上面的例子可见，黄金圆弧线的分析效果确实不容忽视。

第五章

金字塔的秘密

在江恩的求知旅程中，他的足迹遍及英国、埃及以至印度等地。据说，江恩著名的九九八十一正方形图表理论，正是由埃及大金字塔领悟出来的。

江恩到纽约开始投资事业前，用了10年漫长时间研究自然定律与投资市场之间的关系，在其求知旅程中，他的足迹遍及英国、埃及以至印度等地。据说，江恩著名的九九八十一正方形图表理论，正是由埃及大金字塔领悟出来的。

究竟埃及大金字塔内藏何种秘密？对于金融市场的变化又有什么启示呢？

金字塔的秘密

在众多角度之中，相信51° 50′ 这个角度至为重要。因为只有这个角度，我们才可以制作出一个三条边以几何级数形式增长的直角三角形，其相互之间的比率是：1倍、1.272倍及1.618倍。

上面的三角形结构对于人类文化极为重要，是埃及古金字塔3000多年赖以矗立不倒的基础。

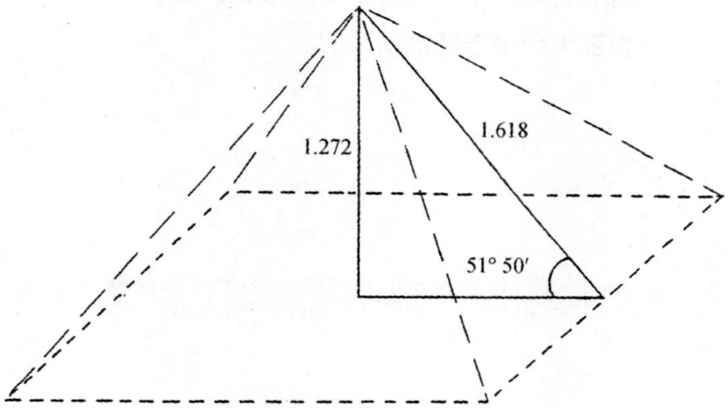

图5.1　埃及大金字塔图

根据数学家Howard Vyse的量度，埃及大金字塔的底部为一个四方形，每边长232.8米，高度为148.2米。若以金字塔的高度、斜度及一半底部边长形成一个直角三角形的话，则这个三角形便为图5.1所示意的三角形。

其中的几何特点有以下值得注意的地方：

（1）高度 148.2 米是一半底边长 116.4 米的 1.272 倍，亦即黄金比率 1.618 的平方根。

（2）斜度是一半底边长的 1.618 倍。

由此可见，黄金比率在人类文化之中确实处于极为重要的位置。

黄金比率与金字塔

从种种数学关系来看，古埃及人对于神奇数字及黄金比率似乎相当熟悉。

首先，大金字塔共有 5 个平面及 8 条边，两者都为神奇数字。

埃及人的量度单位为“肘”（ell），转为现代量度单位，每肘为 0.524 米或 20.63 英寸。据数学家 Jarolimek 及 Kleppisch 的研究，金字塔的量度是以 4 倍肘为基础，其中，金字塔的底边长为神奇数字 55 乘 2 再乘 4 倍肘；斜度的边长为神奇数字 89 乘 4 倍肘，上述两者皆为神奇数字。

如果我们以英尺为量度单位，其中的数学关系亦极为有趣（图 5.2）：

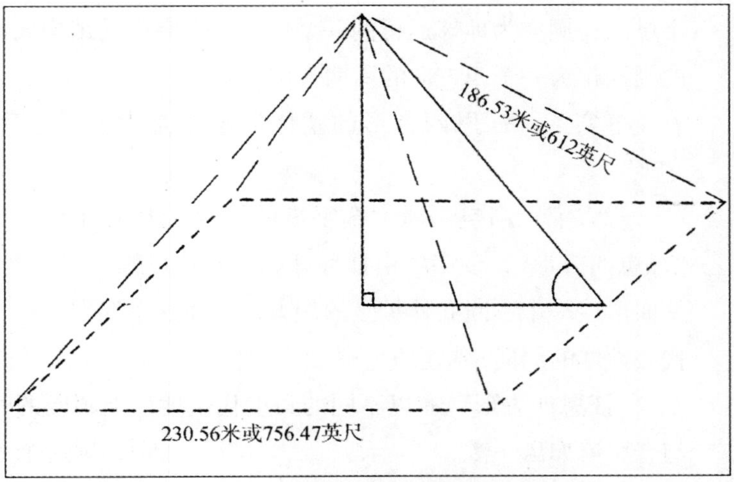

图 5.2　金字塔与黄金比率

（1）金字塔底边长为230.56米，即756.47英尺，前者甚接近神奇数字223，后者则接近神奇数字377的2倍（756.47÷2=378.23）。

（2）金字塔的底部为四方形，周界为3025.88英尺，其平方根刚好为55，是一个神奇数字。

（3）金字塔的斜度长186.53米，即612英尺，与神奇数字610十分接近。

江恩四方形与金字塔

金字塔除了在比例上反映黄金比率的结构外，其量度的幅度其实亦有相当特别的含义。若以Jarolimek及Kleppisch的量度为基础，我们可能得到以下启示。

金字塔底边长756.47英尺，若化为英寸计算，每边长9077.64英寸，而四条边共36310.56英寸，四边的总数与圆形的360° 十分接近。

（注：上述数量数据，与上面引述H.Vyse的量度有少许差别，但以比率计算，黄金比率则极为准确。）

换言之，金字塔的每一边所代表的乃是一个季节的91天，金字塔的一周亦为地球运行的一个周期。金字塔的结构大致是将圆形的周期化为一个四方形的周期。

事实上，江恩四方形的整体概念便是建基于金字塔的结构之上。

若大家从高空鸟瞰大金字塔的结构，大家所看到的便是一个“江恩四方形”，金字塔由顶部开始，石块以螺旋形不断向外延展，从而形成一个不断向外扩张的四方形，而这个四方形的长和宽刚好代表地球的周期，每边为一季。

“江恩四方形”亦以不同的角度代表地球上不同的时间，意义与金字塔如出一辙。

难怪市场一直谈论，江恩的神秘理论是到埃及游历后领悟出来的。

江恩四方形与神奇数字

毫无疑问，江恩的时间价位理论与神奇数字及黄金比率有着极为微妙的关系。

从图 5.3 可见，神奇数字 1、1、2、3、5、8、13、21、34、55、89、144……里面，前 9 个数字都坐落在江恩四方形的角度线之上，而其余的数字都十分接近这些角度线。由此可见，江恩认为的四方形的角度线是市场的一些重要支撑或阻力位，与神奇数字的影响相当接近。

145	144	143	142	141	140	139	138	137	136	135	134	133
146	101	100	99	98	97	96	95	94	93	92	91	132
147	102	65	64	63	62	61	60	59	58	57	90	131
148	103	66	37	36	35	34	33	32	31	56	89	130
149	104	67	38	17	16	15	14	13	30	55	88	129
150	105	68	39	18	5	4	3	12	29	54	87	128
151	106	69	40	19	6	1	2	11	28	53	86	127
152	107	70	41	20	7	8	9	10	27	52	85	126
153	108	71	42	21	22	23	24	25	26	51	84	125
154	109	72	43	44	45	46	47	48	49	50	83	124
155	110	73	74	75	76	77	78	79	80	81	82	123
156	111	112	113	114	115	116	117	118	119	120	121	122
157	158	159	160	161	162	163	164	165	166	167	168	169

图 5.3　江恩四方形与神奇数字

若从角度来看神奇数字的位置，有以下角度关系：

①2与3之间成45°;

②3与5之间成90°;

③5与8之间成135°;

④8与13之间成135°;

⑤13与21之间成180°;

⑥21与34之间成225°;

⑦34～55大致成315°;

⑧55～89大致成360°。

其中，神奇数字集中在45°及225°线。另一方面，135°线及315°线则为单数平方及双数平方之数字，反映出神奇数字与平方数是江恩四方形的重要基础。

对于初闻“江恩四方形”的读者，笔者在《江恩理论——金融走势分析》一书之中已有详细介绍，主要的应用是市场的重要高点或低点以螺旋形式，按既定的数字级数逆时针累进而上，从而得到向外扩展的江恩四方形。在这个四方形之上，横轴、纵轴及两条对角线之上的数字便是市场价位的重要阻力。

江恩四方形与节气

江恩四方形流行的应用，是计算市场价位的支撑或阻力位。不过，在江恩的手稿中，他经常将江恩四方形的横轴、纵轴及对角线的角度线以一年的季节时间划分。其中：

0°——3月21日（春分）;

45°——5月5日（立夏）;

90°——6月21日（夏至）;

135°——8月8日（立秋）;

180°——9月22日（秋分）;

225°——11月8日（立冬）;

270°——12月21日（冬至）;

315° ——2月4日（立春）。

上面的划分方法，与埃及大金字塔的含义完全一样。

换言之，江恩四方形的角度线，其实是代表一年里面的重要节气。

另外，笔者亦已指出，神奇数字往往坐落于江恩四方形的角度线之上，从时间周期的方法来看，角度线是一年的节气，而神奇数字是市场的日子。换句话说，由一年的节气日子起，按神奇数字数算日子，理论上我们便可以推算出江恩四方形的起点。由于江恩四方形的起点是市场的重要顶部或底部，如此一来，我们便可由江恩四方形的节气日子，按神奇数字数算市场的未来重要转折点。

江恩四方形与神奇数字应用

根据上述理论，美元兑马克在1994年2月8日的大顶1.7686应已在计算之内（图5.4）：

（1）由1993年3月20日“春分”起计，第233个交易日为1994年2月10日，与1994年2月8日高点1.7686只相差2个交易日。特别要注意的是，在由1开始的江恩四方形之中，233刚好处于0度线之上，即3月20日的春分之日。

（2）由1993年7月22日“大暑”起计，第144个交易日为1994年2月9日，与2月8日顶部只差1天。要注意的是，144在江恩四方形所处的角度约为7月30日，与“大暑”十分接近。

（3）由1993年10月8日“寒露”起计，第89个交易日是2月10日。89在江恩四方形上处22.5°，与10月8日的角度202.5°刚好成180°。

（4）由1993年11月22日“小雪”起计，第55个交易日为1994年2月7日，与2月8日大顶1.7686只相差1天。神奇数字55是处于江恩四方形之中的22.5°，与11月22日的时间角度成225°。

（5）由1993年12月21日“冬至”之日起计，第34个交易日为1994年2月7日，与2月8日大顶1.7686亦只相差1天。要注意的是，神奇数字34在江恩四方形之中是处于90°，与12月21日冬至之日的角度270° 成180°。

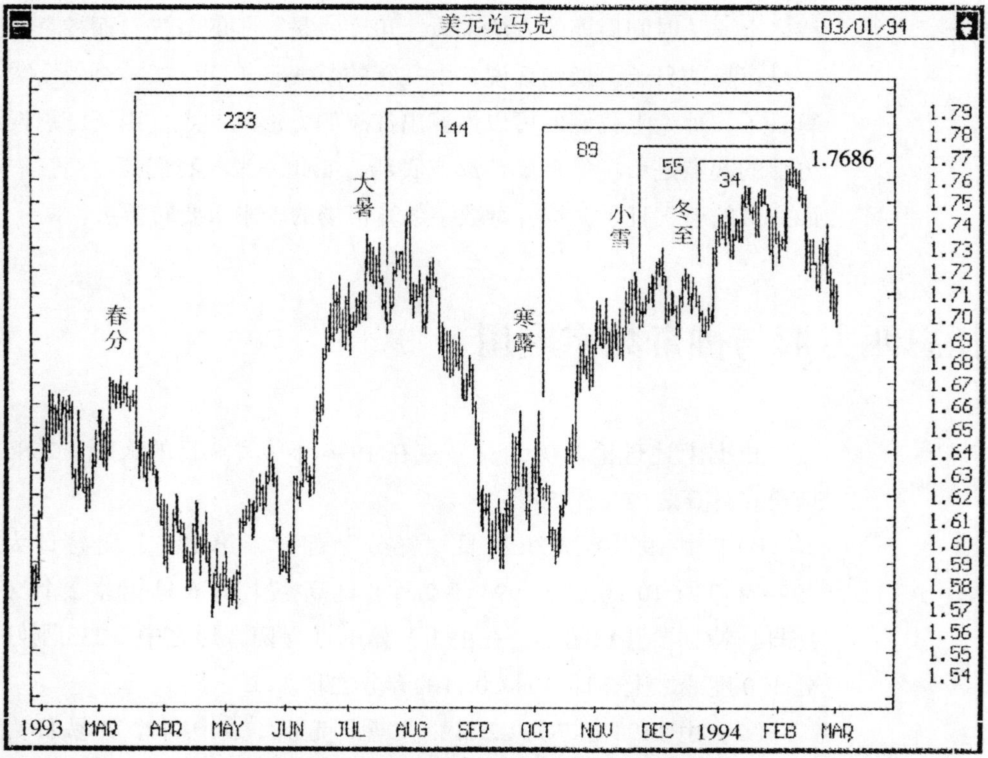

图5.4　美元兑马克周线图与神奇数字

综合上面五个神奇数字的日子数算，其中：

（1）144与233两个数字坐落于时间的角度之上，由该日开始数算，时间刚好到达市场在1994年2月8日左右的大顶。

（2）34及89两个神奇数字坐落的时间角度，与其开始数算34天及89天的节气日期（寒露及冬至）坐落的时间角度成180°。

由上面可见，神奇数字的数算，与江恩四方形上的时间角度存在着极为微妙的关系。

到目前为止，美元兑马克的历史性低位处在1995年3月8日的1.3430马克上。事实上，这个市场的转折点可从江恩四方形与神奇数字的数算中推算出来（图5.5）：

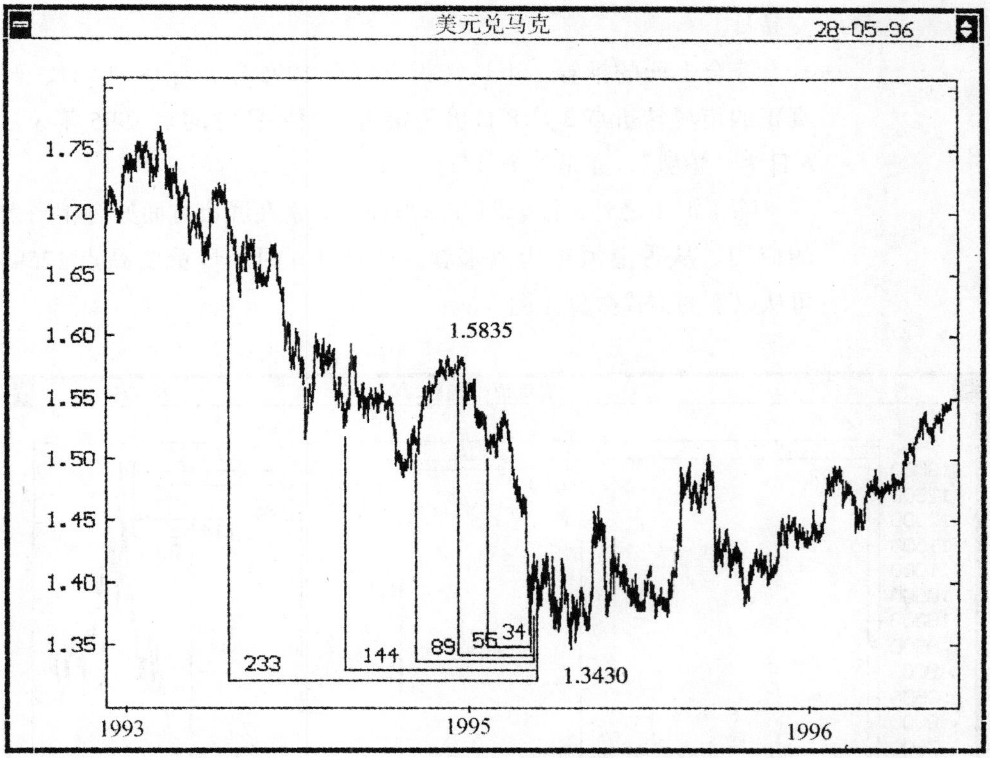

图5.5 美元兑马克周线图与神奇数字

（1）由1995年1月20日“大寒”起计，神奇数字第34个交易日的时间为1995年3月9日，与3月8日历史性低位仅差1天。

（2）由1994年12月22日“冬至”起计，神奇数字第55个交易日的时间为1995年3月9日，亦与3月8日历史性低位相差1天。1994年12月22日本身亦是中期顶部1.5835马克之日。

（3）由1994年11月7日“立冬”起计，神奇数字第89个交易日为1995年3月10日，与历史低位3月8日相差2天。

（4）由1994年8月23日“处暑”起计，神奇数字第144个交易日的时间为 1995 年 3 月 14 日，与历史低位 1.3430 相差 4 个交易日。

（5）由 1994 年 4 月 20 日“谷雨”起计，神奇数字第 233 个交易日的时间为 1995 年 3 月 14 日，与历史低位 1.3430 亦相差 4 个交易日。

综合上面的推算，市场转折点应在 1995 年 3 月 9—14 日，与真正的市场转折点 3 月 8 日极为接近。而要留意的是 1995 年 3 月 6 日为“惊蛰”，亦是一个节气。

除了汇市之外，江恩四方形与神奇数字在股市方面亦有相当大的应用。从香港恒生指数来看，1994 年 1 月 4 日重要高点 12599 可从以下的方式数算（图 5.6）：

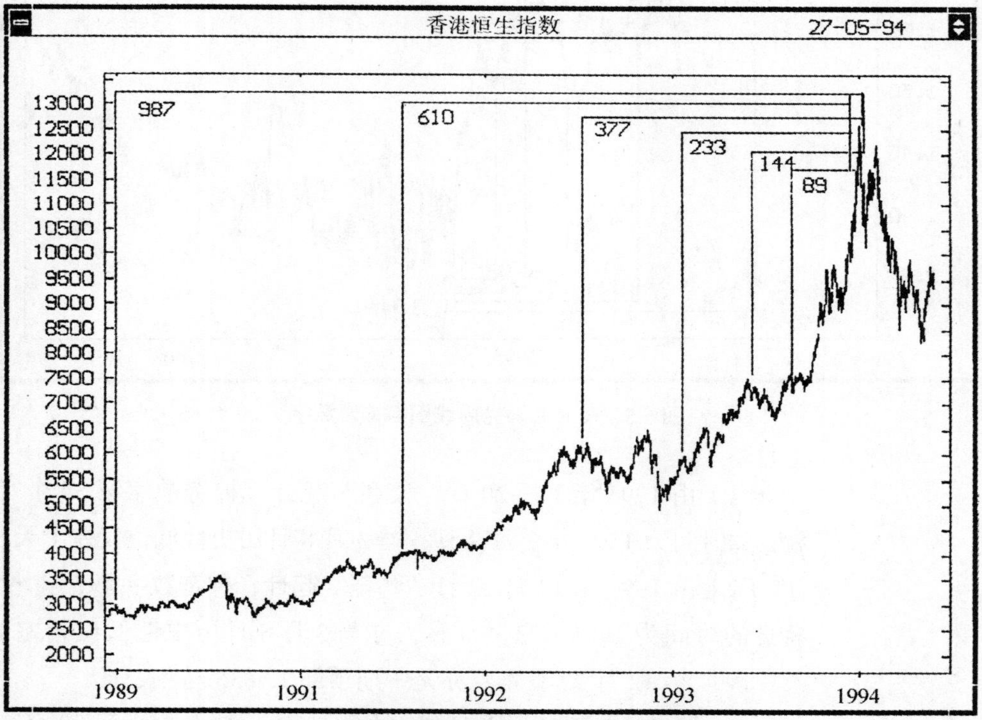

图 5.6　香港恒生指数周线图与神奇数字

（1）由 1990 年 1 月 20 日“大寒”起计，神奇数字第 987 个交易日是1994年1月6日，与1月4日高点仅差2天。

（2）由1991年7月23日“大暑”起计，神奇数字第610个交易日是1993年12月28日，与1月4日大顶相差4个交易日。

（3）由1992年7月7日“小暑”起计，神奇数字第377个交易日是1994年1月7日，与1月4日大顶相差3天。

（4）由1993年1月20日“大寒”起计，神奇数字第233个交易日是1993年12月28日，与1月4日大顶相差4个交易日。

（5）由1993年6月6日“芒种”起计，神奇数字第144个交易日是1994年1月3日，与1月4日大顶相差1个交易日。

（6）由1993年8月23日“处暑”起计，神奇数字第89个交易日是1993年12月29日，与1月4日大顶只相差3天。

综合来说，上面的转折点聚焦于1993年12月28日至1994年1月7日，大体是1月4日顶部12599的正负4个交易日。

笔者在讨论江恩四方形与神奇数字的关系时，是以时间周期作分析，事实上，我们亦可以应用价位的周期作为分析的根据。

在笔者展示1994年2月8日美元兑马克在1.7686见顶回落的例子里面，曾经从季节时间的起点作神奇数字日子的数算，事实上，若我们以神奇数字乘以10点为基础，则对市场转折点的价位有以下推算（图5.7）：

（1）由1993年3月20日“春分”前的收市价1.6360起计，美元上升1440点的价位为1.7800，与1994年2月8日实际高位1.7686相差114点。

（2）由1993年7月22日“大暑”的收市价1.7043起计，上升550点是1.7593，与1994年2月8日高位1.7686相差93点。

（3）由1993年10月8日“寒露”的收市价1.6025起计，上升1440点是1.7465，与1.7686相差221点。

（4）由1993年11月22日“小雪”的收市价1.7032起计，上升550点是1.7582，与1.7686相差104点。

（5）由1993年12月21日“冬至”的收市价1.6977起计，上升890点是1.7867，与1.7686几乎一致。

上述五个数字虽然与实际顶部 1.7686 有所距离，但计算数字的平均，则为 1.7761，与 1.7686 只相差 75 点而已。

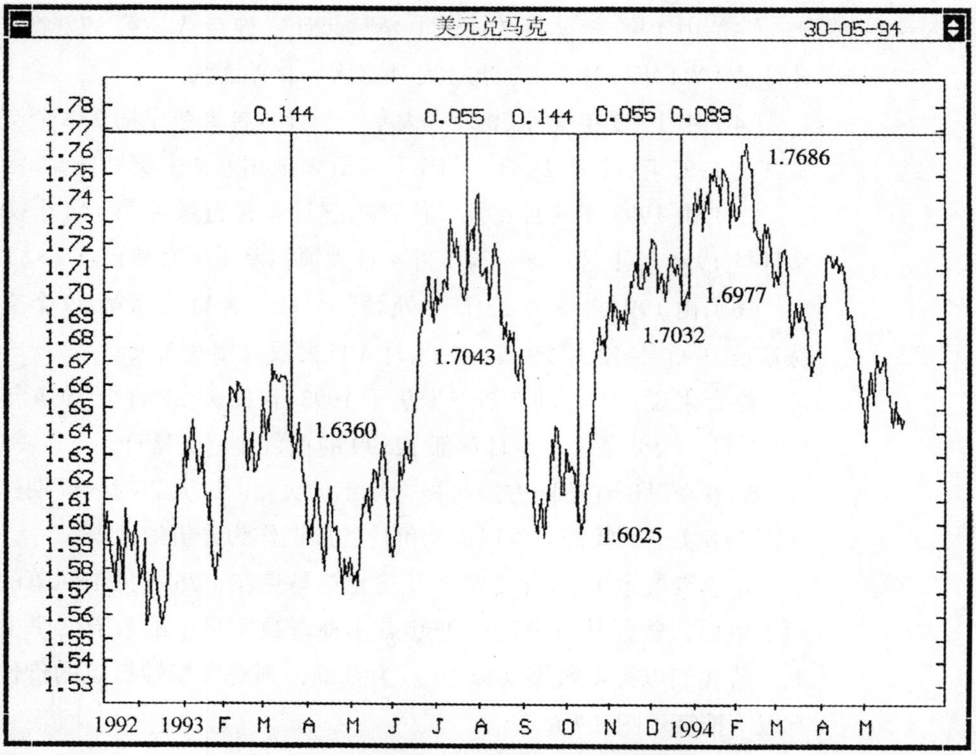

图 5.7　美元兑马克月线图与神奇数字

金字塔的时间价位启示

笔者在讨论神奇数字与大金字塔的关系时，曾经指出，金字塔的斜度 51° 50′ 大有学问，只有这个斜度所形成的直角三角形，才可以产生三条边长以几何级数增长的倍数关系。

换言之，金字塔底边的一半、金字塔的高度及金字塔的斜度所形成的比例是：1 ∶ 1.272 ∶ 1.618。

根据勾股定理，黄金比率1.618是1的平方与1.272的平方之和的平方根，即

$$\sqrt{1^2+1.272^2}=1.618$$

若我们应用上述直角三角形于金融市场的时间价位分析之中，则一个市场的上升或下跌趋势的时间价位关系，将与上面的几何原理有关。其中，底边应为金融图表的时间轴，高度应为金融图表的价位轴。

事实上，在1994—1995年的马克期货走势之中，上述的几何关系便显现了出来（图5.8）。

由1994年2月低位0.5642美元至1995年4月上升趋势顶部0.7443美元，共运行14个月，若以每月上升0.0100美元为1∶1的话，上面三角形的时间与价位比例便为一个月上升127.2点，由底部0.5642起计，14个月后的三角形顶部为0.7423，与实际顶部只差20点。

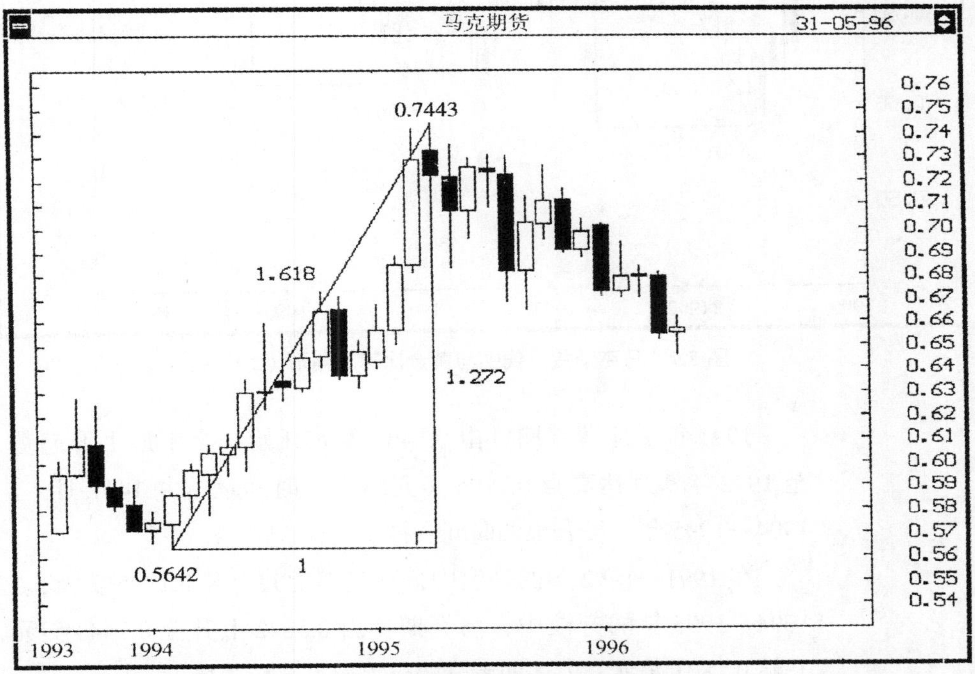

图5.8　马克期货月线图与黄金比率三角形（1）

在马克期货的月线图中，1994年2月低位0.5642美元至1995年4月高位0.7443美元，刚好形成一个几何级数比例1 ∶ 1.272 ∶ 1.618的直角三角形。事实上，这个三角形的时间价位结构并非单独存在，在1991—1992年中，马克期货便出现完全一样的时间价位结构（图5.9）。

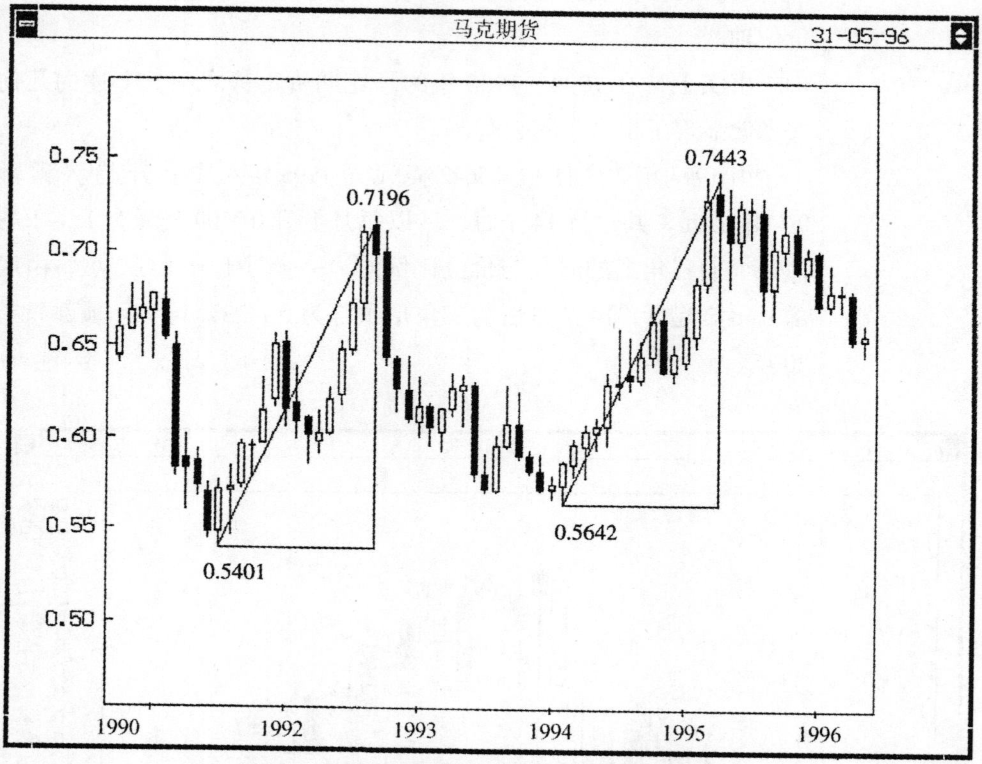

图5.9 马克期货月线图与黄金比率三角形（2）

1991年7月马克期货由0.5401美元开始一个中期上升趋势，至1992年9月达高点0.7196美元结束，时间运行共14个月，与1994—1995年一段升浪的时间一样。

在1991—1992年的升浪中，马克期货共上升0.1795美元；在1994—1995年的升浪中，马克期货由0.5642上升至0.7443美元，升幅0.1801美元，上述两者升幅仅差6点，极为接近。

时间与价位的幅度既然一致，两个趋势的时间价位结构便自然一致。若由 1991 年 7 月 0.5401 美元起，以每月上升 0.01272 点计（0.01272 × 14），三角形的高点为 0.7182，与实际的高点 0.7196 只相差 14 点。

图 5.9 是 1991—1992 年及 1994—1995 年马克期货月线图中所出现的两个黄金比率三角形。

在金字塔的几何结构里面，我们大致上可以找到四种直角三角形：

第一种是由底边一半、金字塔高度及斜度所组成的直角三角形，三条边之间的比例是：1 ： 1.272 ： 1.618。

第二种是在金字塔的底部，即四方形按对角线划分为二的直角三角形，其三条边之间的比例是：1 ： 1 ： 1.414；角度为：45°、-90°、-45°。

第三种是在金字塔的四个表面之上，由底边一半、表面斜度及两个表面之间的斜角度所组成的直角三角形。这个三角形三条边的比例是：1 ： 1.618 ： 1.902。

第四种是金字塔底部对角线一半、高度及斜角度所形成的直角三角形，其三条边的比例是：1.414 ： 1.272 ： 1.902。

第一个直角三角形所代表的时间与价位成 1 ： 1.272 的关系。

第二个直角三角形所代表的时间与价位成 1 ： 1 的关系，即江恩所强调的时间与价位的平衡理论。

第三个直角三角形所代表的时间与价位成 1 ： 1.618 的黄金比率关系。

第四个直角三角形所代表的时间与价位成 1 ： 0.9 的关系。

在马克期货的中长期走势之中，从 1991 年以来，共有两个均等的几何等级的三角形出现，这点已在前面的分析中交代过。事实上，若从较早期的趋势来看，1 × 1 的等腰三角形，却扮演了极为重要的角色。

所谓等腰直角三角形，就是内角为 45°、-90°、-45° 的直角三角形。放在市场几何学的角度来看，意指时间与价位的幅度一致，趋势的起点与终点与江恩 1×1 线相连。

经典的例子应以 1985 年美元大贬值的趋势为首（图 5.10）。

1985 年 2 月，马克期货低见 0.2881 美元，完成中、长期的底部。七国财长会议后，美元大幅贬值，马克币值上升，最后上升至 1987 年 12 月的 0.6426 美元，才告一段落。

若计算时间与价位的关系，时间运行 34 个月，价位上升 0.3545 美元，若以每月等如 0.0100 美元计，时间与价位的平衡点在 0.6281，与实际高点只相差 145 点，形成一个 45° 直角三角形。

有趣的是，如以价位计算，由 1985 年低位 0.2881 美元起计，若上升 1.236 倍，目标为 0.6442 美元，与实际高点 0.6426 美元只相差 16 点。

此外，34 个月的趋势刚好为一个神奇数字。

图 5.10　马克期货月线图与直角三角形（1）

除了在1985—1987年的马克升浪中，市场出现了一个1×1的三角形外，在1989年6月至1991年2月的中长期升浪中，马克期货的趋势再次展现出一个1×1的三角形。不过，这个直角三角形比1985—1987年的1×1三角形较细，约等如前者的2/3倍（图5.11）。

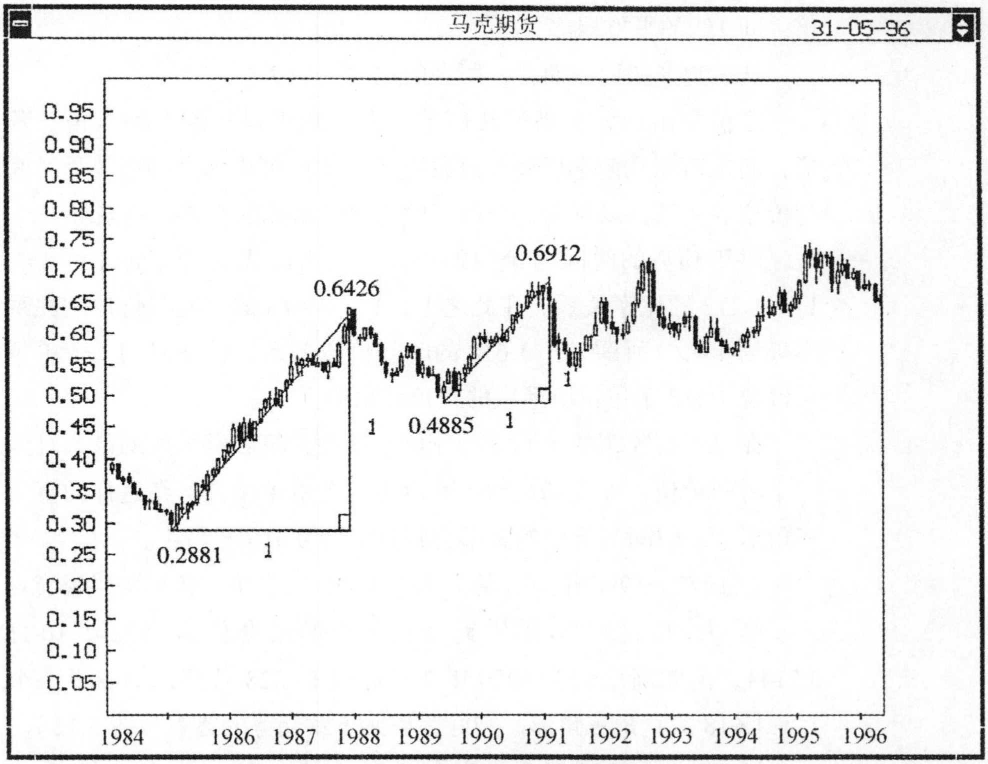

图5.11 马克期货月线图与直角三角形（2）

马克期货由1989年6月低位0.4885美元开始，展开一次中期的升浪，到1991年2月高点0.6912美元，升幅共0.2027美元。

时间方面，由马克期货低点0.4885美元至高点0.6912美元，共运行了20个月。

若以每月上升0.0100美元为比例，马克由0.4885美元运行20个月升浪的时间价位平衡点为0.6885美元，与1991年2月高点

0.6912 美元只相差 27 点而已。

换言之，当时间价位运行的幅度到达平衡阶段，市场亦出现了转势。

值得一提的是，若我们计算 1985—1987 年的三角形与 1989—1991 年的三角形之间的关系，亦有特定的比例存在。

从价位的幅度及时间的幅度而言，两者的比例分别都为 0.577 倍，即 1/3 的平方根。

从三角形的面积而言，两者的比例则为 2/3。

之前指出，金字塔的几何结构上大致可以找到四种直角三角形，而在市场几何学里面，这种直角三角形可作为金融市场的时间与价位的关系，以判断一个市场的趋势或市场的重要转折点。

对于趋势的时间与价位的关系，笔者已先后介绍过 1 ∶ 1 与 1 ∶ 1.272 的比率关系。在此之上，1 ∶ 1.618 的时间与价位的关系亦极为重要。所谓 1 ∶ 1.618 的时间价位关系，就是时间 1 个单位与价位 1.618 个单位所形成的直角三角形。

在以下所介绍的美元兑马克例子里面，笔者所采用的是每月为一个时间单位，而市场运行 100 点为一个价位单位。在这样的直角三角形中，时间与价位的关系为每月运行 0.01618 马克。

在 1972—1996 年，有两个 1 ∶ 1.618 的直角三角形可供留意：

第一，20 世纪 70 年代美元兑马克的最高位为 1972 年 10 月 3.2144，由此高位起至 1980 年 7 月低位 1.7328 马克，形成了一个 1 ∶ 1.618 的直角三角形，刚好为美元下跌趋势的终点（图 5.12）。

第二，由 1985 年 2 月高位 3.4665 马克至 1994 年 2 月低位 1.7686 马克，在时间价位的比例上亦大致出现一个 1 ∶ 1.618 的直角三角形。

对于市场上 1 ∶ 1.618 的时间价位关系，美元兑马克有一个例子极为有趣。美元兑马克由 1995 年 10 月 23 日低位 1.3800 开始，展开了一次中期升浪，其中，笔者发现有两个重要的 1 ∶ 1.618 直角三角形，影响力极大。

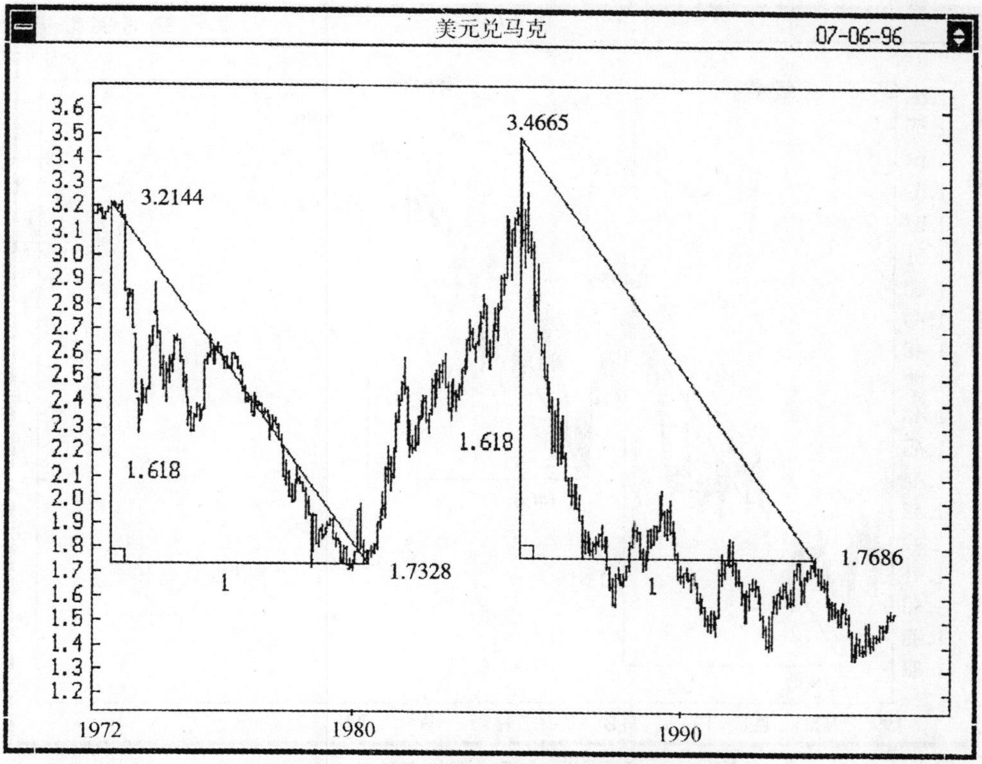

图 5.12　美元兑马克月线图与直角三角形（1）

第一个三角形，美元由 1995 年 10 月 23 日低位 1.3800 马克上升至 1996 年 2 月 1 日 1.4955 马克高位，共运行 72 个交易日，若依照 1 ：1.618 的时间价位比例，每交易日上升 0.001618 马克，理论转折点应为 1.4965 马克。而实际上美元在 1.4955 马克见顶回落，之后出现接近 550 点的调整（图 5.13）。

第二个三角形，开始于 1996 年 2 月 19 日低位 1.4406 马克。这个直角三角形的结构与前者一模一样，由 2 月 19 日低位至 5 月 28 日高点 1.5488 马克，共运行 71 个交易日，与前者只相差 1 个交易日。价位的幅度方面，美元由 2 月 19 日 1.4406 上升至 5 月 28 日 1.5488，上升 1082 点，与前者价位升幅 1155 点，相差 73 点。

当这个 1 ：1.618 的时间价位关系再度出现后，美元亦再度出现短期转折点。

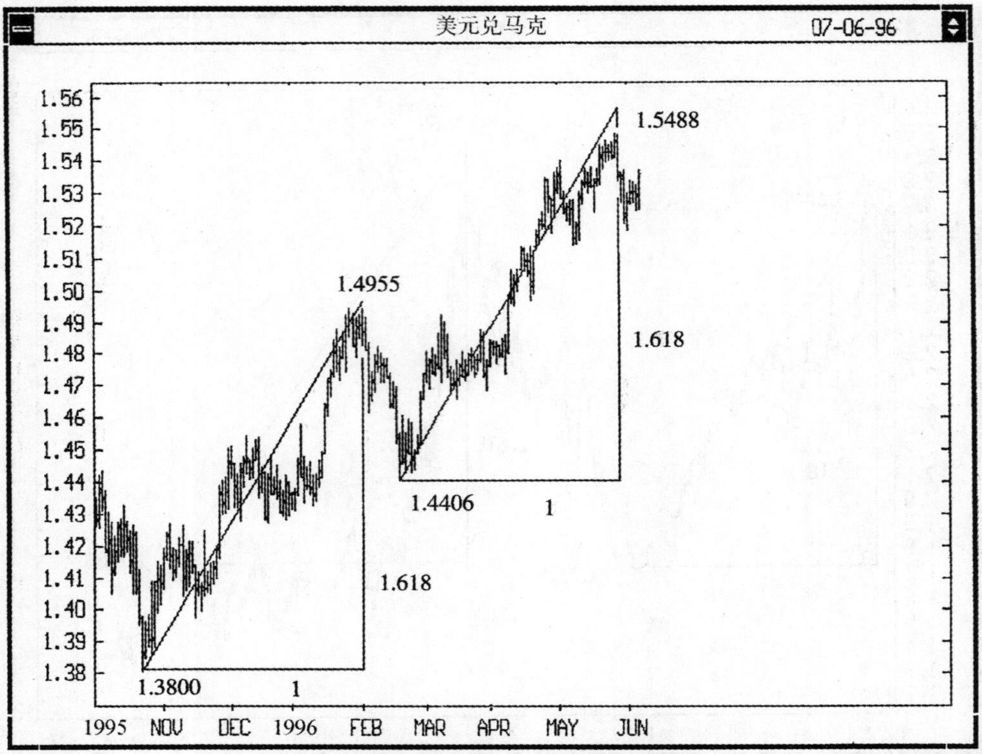

图 5.13　美元兑马克月线图与直角三角形（2）

（1）1 ∶ 1 与 1 ∶ 1.618。

在江恩的时间价位理论里面，他认为金融市场的趋势是以时间及价位为 1 ∶ 1 的关系，所以，当价位到达 1×1 线的时候，市势自然出现转势。与此同时，由 1×1 线所衍生出来的 1×2 线、1×3 线或 2×1 线、3×1 线等，都成为市场重要阻力。

上述江恩角度线理论，对于美元兑马克的走势都有极为准确的预测。

图 5.14 是美元兑马克的月线图，由 1989 年 6 月 15 日重要高点 2.0480 马克起计，以每月下跌 0.0100 马克为 1×1 线的话，1995 年 3 月历史低位 1.3430 马克，便刚好在此 1×1 线之上成为美元的重要转折点。

值得注意的是，1991 年 2 月 11 日低位 1.4430 马克的中期转折点，便刚好发生于 1×3 线之上。

此外，1994 年 2 月 8 日中期高点 1.7686 马克，刚好在 2×1 线之下转势。

由此可见，江恩的时间价位 1 ∶ 1 关系威力非常强大。

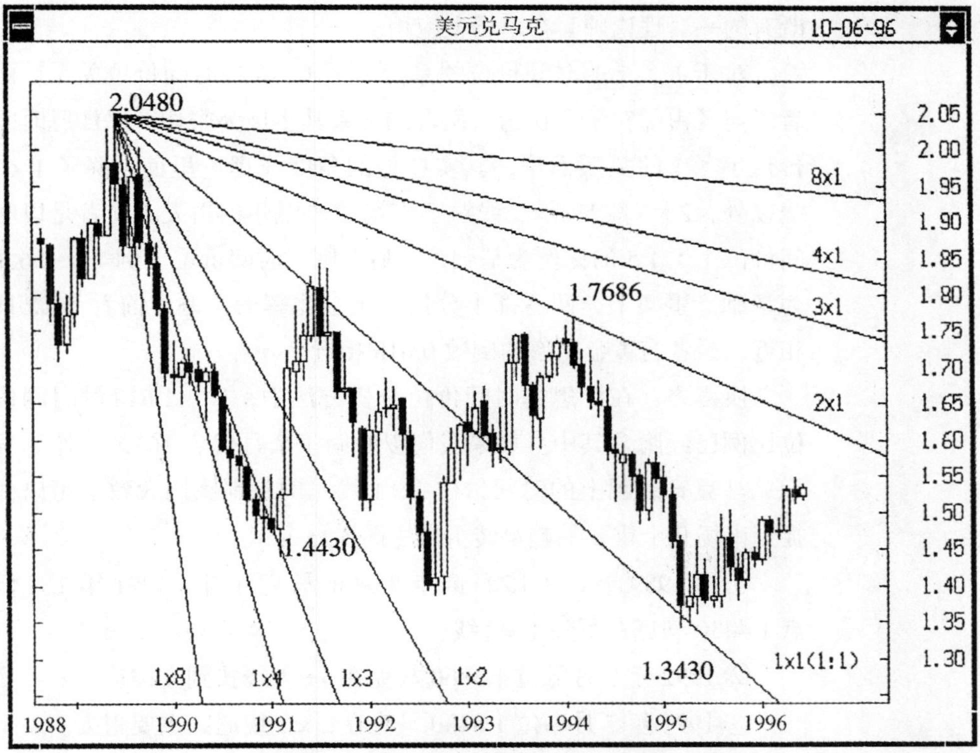

图 5.14　美元兑马克月线图与江恩角度线（1）

笔者已先后讨论过时间价位的 1 ∶ 1 关系以及 1 ∶ 1.618 的关系。读者或许会问，我们应用时间价位的结构分析时，究竟应该用何种比例为主呢？是 1 ∶ 1，还是 1 ∶ 1.618 呢？在这方面，笔者难有一个肯定的答案。不过，若我们能从该市场的历史资料的分析应用上了解到何种结构在市场中发挥了作用，则那种比率在市场分析上便占了优势。

此外，笔者亦有一个想法，就是若市场处于牛皮市的话，上涨空间不大，则短线的分析应以 1 ：1 的时间价位关系为主。至于 1 ：1.618 的时间价位关系，笔者的经验是在趋势明朗的单边市里面出现的机会较多。

其实，问题不是何种比率较为准确，而是该市场以何种时间价位关系运行，分析者只能努力领悟市场的结构发展，而不应将自己既有的一套理论硬套在市场上应用。

对于 1 ：1 的时间价位关系与 1 ：1.618 的时间价位关系，两者以何者占优？笔者认为，两者的关系其实极为密切。以江恩时间价位 1 ：1 的关系而论，其实在他的角度线理论里面，除了 1×1 线以外，2×3 线与 3×2 线对于市场的作用亦相当大。前者是以时间价位 1 ：1.5 的比例为基础，而后者则以时间价位比例 1 ：0.666 为基础。事实上，两者都十分接近黄金比率的关系，前者与 1.618 相近，后者与黄金比率的倒数 0.618 接近。

换言之，在江恩的时间价位分析方法中，1 ：1.618 的时间价位比例已经隐含其中。如果我们以时间 1 个月代表 161.8 点作为美元兑马克日线图上的时间价位 1×1 线比例，则我们大致上可以捕捉到市场几个重要的趋势转折点（图 5.15）：

①由 1989 年 6 月 15 日高点 2.0480 马克起计，1991 年 2 月低点 1.4430 马克在下降 1×2 线；

② 1992 年 9 月低位 1.3860 马克在 1×1 线找到支撑；

③ 1991 年 7 月高位 1.8430 马克在 2×1 线遇到重要阻力。

对于 1 ：1.618 的时间价位关系，事实上，1994—1995 年美元兑马克在月线图走势上亦出现颇为有趣的影响。

若我们以美元由 1994 年 2 月 8 日高位 1.7686 马克起计，以每月下降 161.8 点为 1×1 线，从而形成江恩的扇形线，则美元这两年间的走势便出现以下重要支撑或阻力位（图 5.16）：

①美元由 1994 年 2 月 8 日高位 1.7686 马克以来的下跌，至 1995 年 3 月 8 日低位 1.3430 马克，刚到达下降 1×2 线的支撑，并展开一次强势的反弹；

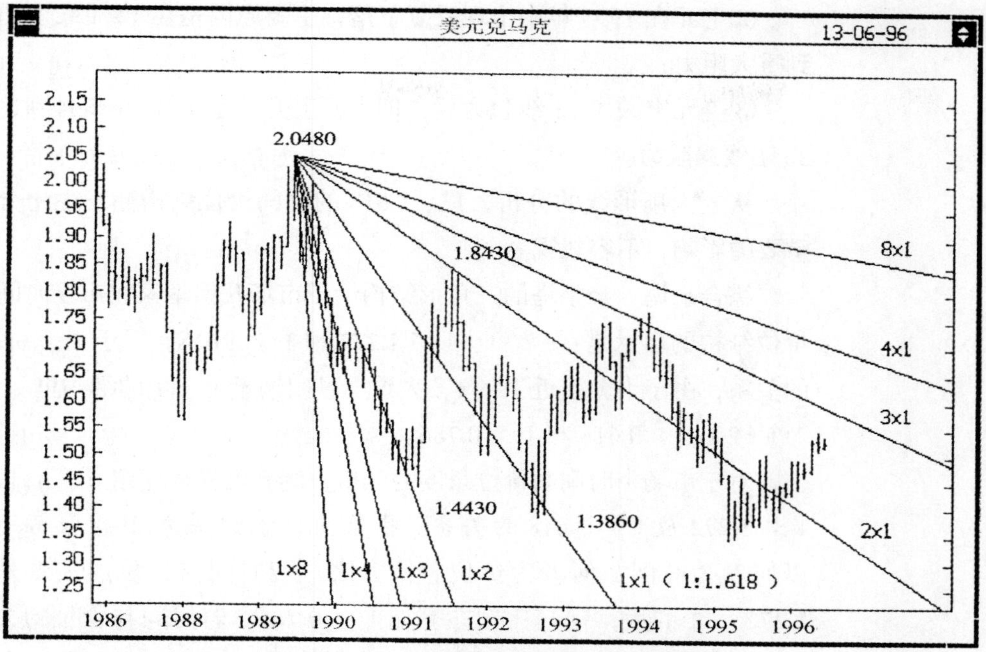

图 5.15　美元兑马克月线图与江恩角度线（2）

图 5.16　美元兑马克月线图与江恩角度线（3）

②美元在 1995 年中出现反复下落，主要原因是在 1×1 线上遇到重大阻力；

③美元突破 1×1 线阻力后，即大幅上升，至 1996 年 5 月到达 2×1 线遇阻力。

从上面扇形线的分析，1 ∶ 1.618 的时间价位结构亦发生十分重要的影响，不容忽视。

综合来说，金字塔的三角形结构给予市场几何学家在市场时间价位结构的启示是：1 ∶ 1、1 ∶ 1.272 和 1 ∶ 1.618。至于 1 ∶ 0.9 的关系，由于十分接近 1 ∶ 1，大致上可归纳于 1 ∶ 1 的结构里。

（2）1 ∶ 0.618 与 1 ∶ 0.786。

对于市场中时间与价位角度的分析，笔者已先后介绍过 1 ∶ 1、1 ∶ 1.272 及 1 ∶ 1.618 的关系。事实上，上述关系中并未特定以何者为时间，何者为价位。换言之，若时间与价位的关系是 1.272 ∶ 1 的话，则其比例亦等如 1 ∶ 0.786。若时间与价位的关系是 1.618 ∶ 1，则其比例亦等如 1 ∶ 0.618。笔者经验所得，上面 1 ∶ 0.618 及 1 ∶ 0.786 的时间价位关系，对于金融市场亦有着极为显著的影响，值得我们留意。

从美元兑马克的走势来看，上面的关系便已经出现（图 5.17）：

①由 1995 年 3 月 8 日低位 1.3430 马克以每交易日上升 6.18 点计，至 1996 年 5 月 28 日共运行 316 天，上升 1953 点，价位在 1.5383，与当日高点 1.5488 颇为接近；

②由 1995 年 8 月 1 日低位 1.3720 马克以每交易日上升 7.86 点计，运行 213 个交易日至 1996 年 5 月 28 日，共上升 1674 点，价位在 1.5394，与当日高位 1.5488 亦十分接近。最为重要的是，上面两线相交，成为 5 月 28 日美元调整的引发点。

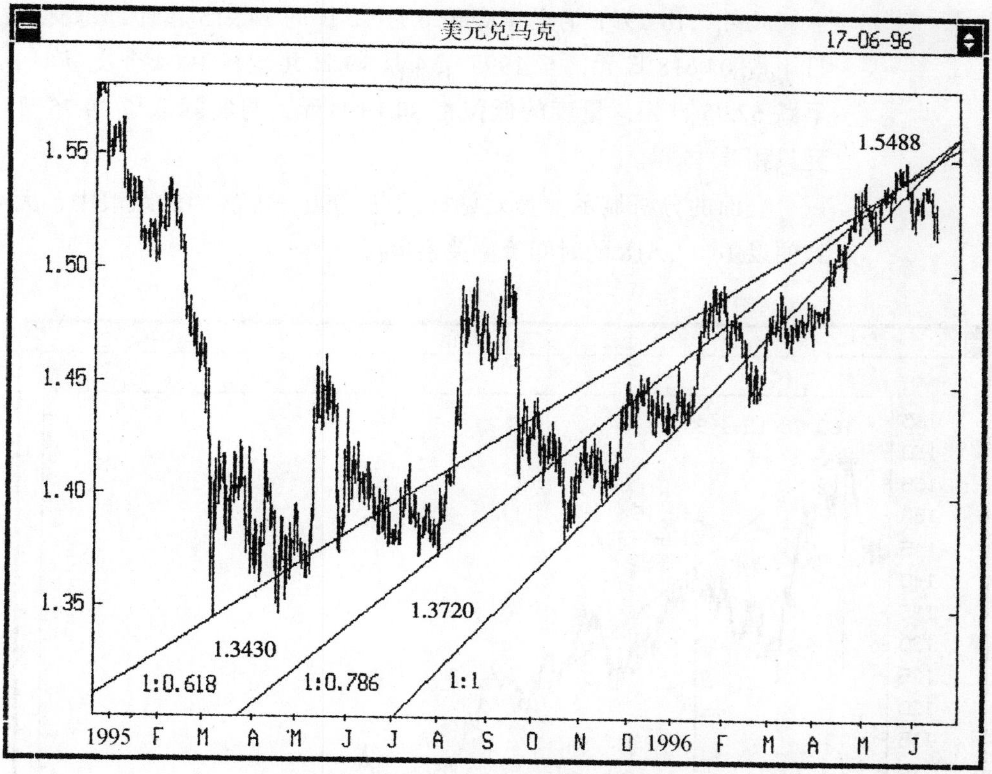

图 5.17　美元兑马克周线图与比率关系

在美元兑日元的市场上，1990—1995 年长达 5 年的跌浪中，更能体现 1 ∶ 0.618、1 ∶ 0.786 及 1 ∶ 1 的时间价位关系的影响（图 5.18）。

由 1990 年 4 月 18 日高位 160.25（1990 年全年第二个高点）连接 1991 年 6 月 12 日高位 142.15，该连接线刚好成为 1995 年 4 月 19 日低位的支撑。若仔细分析该线的时间价位关系，该时间价位比例便为 1 ∶ 0.618。

换言之，以每交易日下跌 0.0618 日元计，由 1990 年 4 月 18 日高点至 1995 年 4 月 19 日，共运行 1303 天，下跌 80.53 日元，计算出在 1995 年 4 月 19 日的低位在 79.72 日元，与实际低位 79.75 只相差 3 点。

此外，由1991年全年高位6月12日的142.15起计，每交易日下跌0.0618日元，至1995年4月19日共运行1004个交易日，下跌62.05日元，量度的低位在80.10日元，与实际低位79.75日元只相差35点。

上面的分析显示，美元兑日元自1990—1995年的跌浪中，大致便以1 ：0.618的时间价位关系运行。

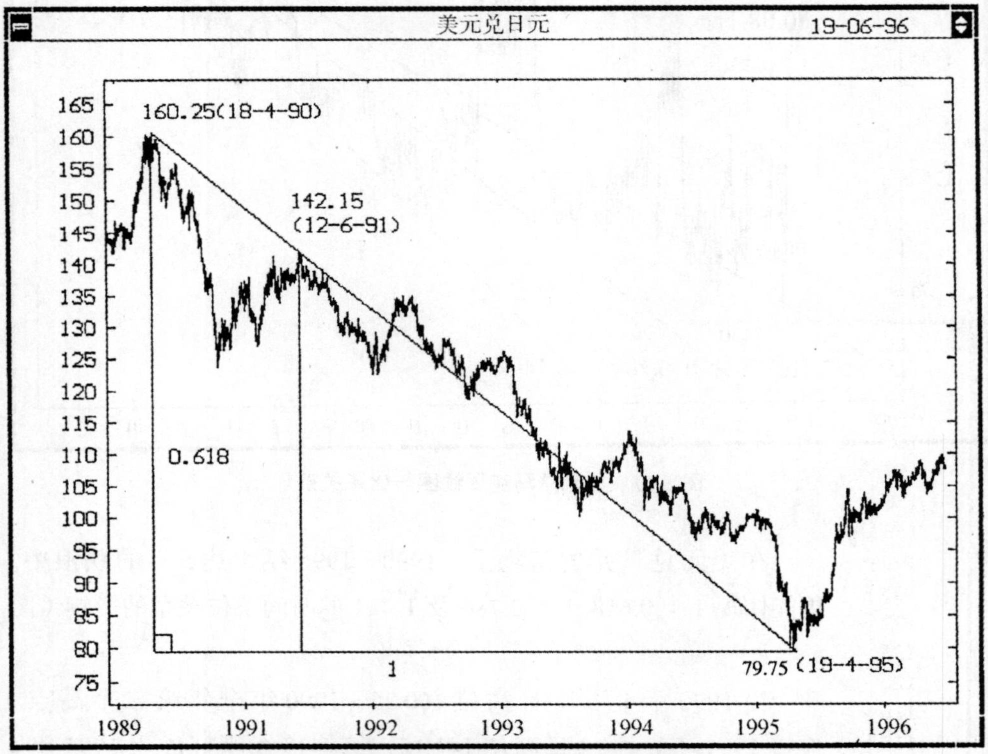

图5.18　美元兑日元月线图与比率关系（1）

美元兑日元由1990—1995年的跌浪是以1 ：0.618的时间价位关系运行。事实上，尚有两组时间价位的关系都证明1995年4月19日的低位为重要的市场转折点，这两组时间价位关系分别为1 ：0.786及1 ：1。

由1993年全年高位1月13日的126.25起计，至1995年4月

19 日历史低位 79.75，共运行 590 个交易日，若以每交易日下跌 0.0786 日元计，至 1995 年 4 月 19 日量度的低位在 79.88 日元，与实际的历史低位 79.75 只相差 13 点。1993—1995 年美元兑日元的下跌趋势改以 1 ∶ 0.786 的时间价位关系运行。

由 1994 年 1 月 5 日高位 113.58 起计（此亦为 1994 年全年高位），至 1995 年 4 月 19 日低位 79.75 日元，共运行 335 个交易日，若以每交易日下跌 0.10 日元计，下跌 33.5 日元，量度的低位在 80.08 日元，与实际历史低位 79.75 日元只相差 33 点。

换言之，1994—1995 年开始，美元兑日元的下跌趋势以 1 ∶ 1 的时间价位关系运行。由图 5.19 可见，美元兑日元在 1990—1995 年的下跌趋势中，以 1 ∶ 0.618、1 ∶ 0.786 及 1 ∶ 1 的时间价位结构运行，并在 1995 年 4 月 19 日起完成时间价位上的所有要求，出现转势。

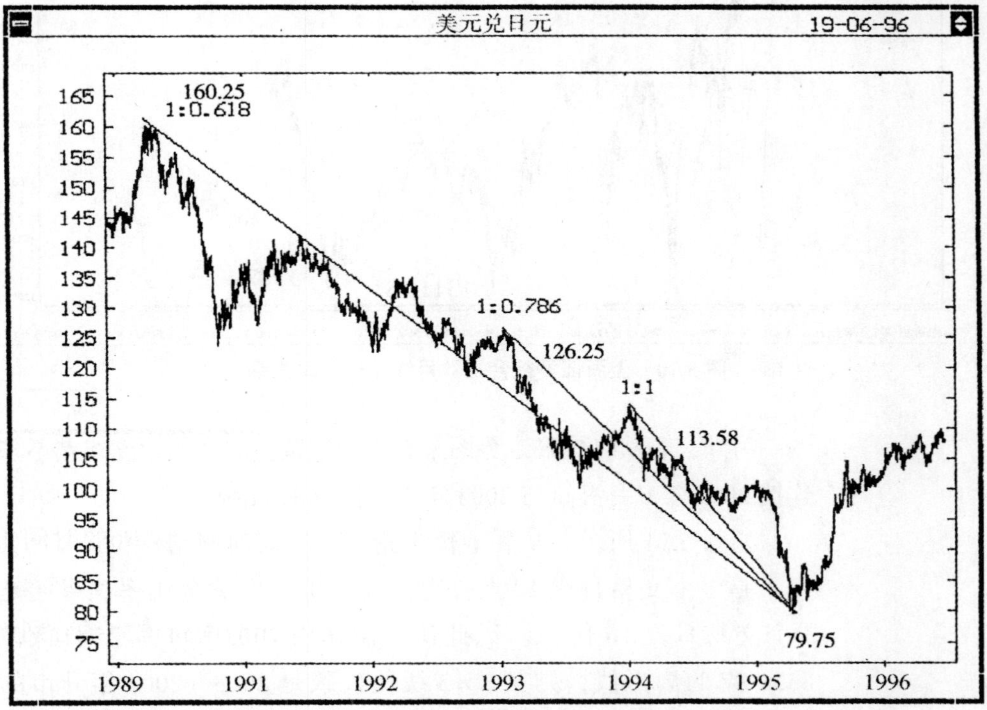

图 5.19 美元兑日元月线图与比率关系（2）

如图 5.20 所示，以上海证券综合指数为例，2001 年 6 月 14 日高点为 2245.44，至 2003 年 11 月 13 日低点为 1307.40，时间运行了 571 个交易日，价位幅度运行了 938.04，价位与时间幅度的比率是 1.643，与黄金比率 1.618 十分接近。从图表来看，黄金比率的角度线几乎接近连接 2001 年 6 月高点与 2003 年 11 月低点。

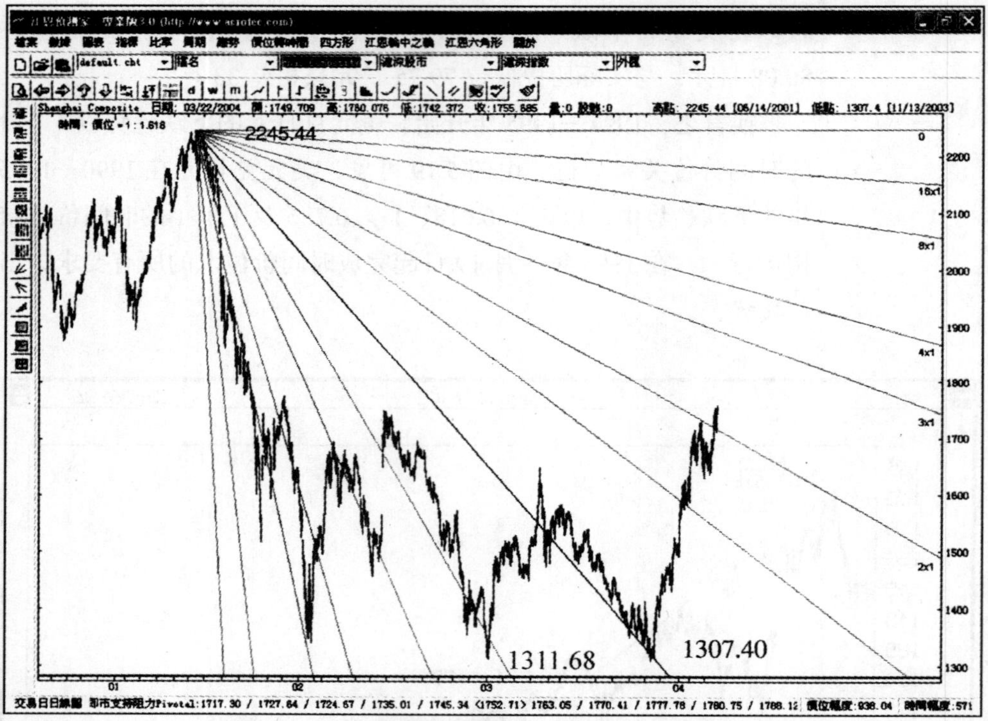

图 5.20　上海证券综合指数月线图与比率关系

另外，若从自然日走势图来看，上述黄金比率的角度线差不多连接 2001 年 6 月高点与 2003 年 1 月低位 1311.68。

如图 5.21 所示，从香港恒生指数看，若时间与价位的 1 ∶ 1 关系是 1 个交易日比 10 点，则时间与价位的黄金比率关系便是 1 个交易日比 16.18 点。以此比率制作由 2003 年 4 月 25 日低位 8331.87 的扇形线，则其 2×3 线便大致是 2003—2004 年升市的主要上升轨道。

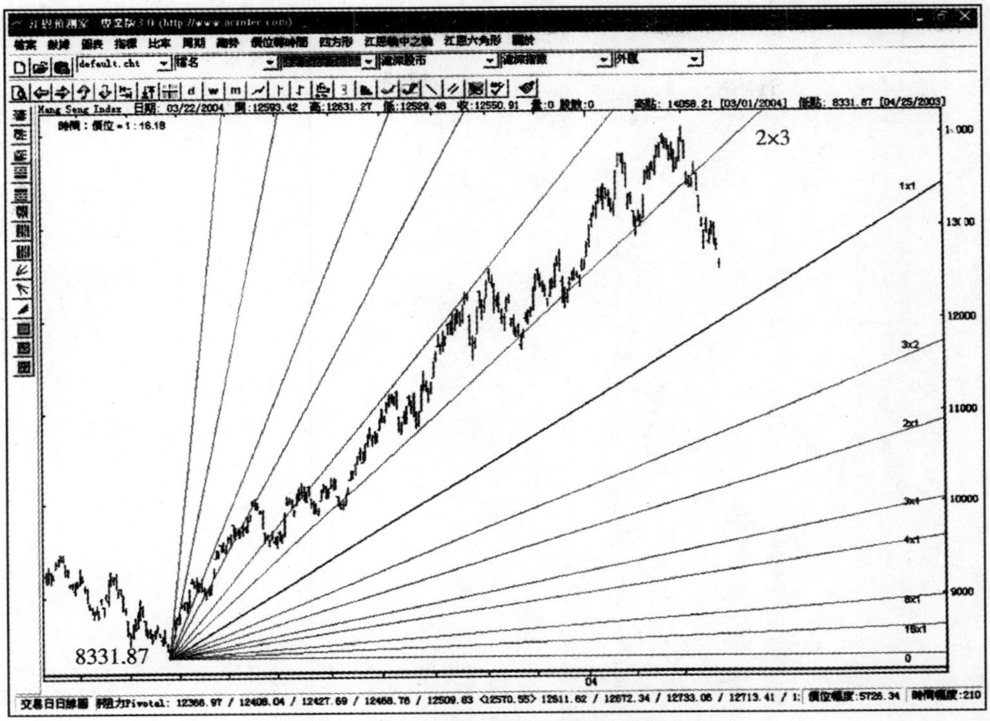

图 5.21　香港恒生指数日线图与比率关系

第六章

勾股定理与平方根理论

市场几何学所讲究的是几何比率在金融市场图表分析中的应用。在几何学之中，勾股定理是最为普及的定理。

市场几何学所讲究的是几何比率在金融市场图表分析中的应用。在几何学之中，勾股定理（Pythagoras' theorem）是最为普及的定理。这个定理是，对于所有直角三角形，直角夹角的每边平方之和，等于斜线的平方，其公式是：

$$a^2+b^2=c^2$$

一个著名的例子是：若直角三角形的直角夹角是 3 及 4，则引用上面公式，其斜边将为 5。图 6.1 是由 9 格正方形、16 格正方形及 25 格正方形所组成，若以连续数字将每个正方形的内格分隔，可以得到神奇数字系列的 5、8 及 13。

图 6.1　直角三角形与勾股定理

将勾股定理应用在金融市场上，有两个直角三角形最为重要：

第一，直角三角形的直角夹角两边皆为 1，则其斜边比率将为 $\sqrt{\ }$，即 1.414。

第二，直角三角形的直角夹角一边为 1，另一边为 2，则其斜线的长度应为$\sqrt{5}$，即 2.236。

$$H=\sqrt{1^2+2^2}$$
$$=2.236$$

换一种方法，$\sqrt{2}$ 的倒数为 $1/\sqrt{2}$，即 0.707；$\sqrt{5}$ 的倒数为 $1/\sqrt{5}$，即 0.447。重要的市场比率为：

① 1.414 及 2.236；

② 0.707 及 0.447。

在金融市场上，黄金比率发挥着极大的作用。事实上，我们可以从时间价位两条轴，利用勾股定理推演出黄金比率的关系。黄金矩形的几何分析方法是：假设四方形的边长为两个单位，其底线中央连接其右上角的对角线，其长度为$\sqrt{5}$，将这条对角线变成 X 轴，超出原先四方形的边长为 1.236 个单位，而超出的长度将为四方形边长的 0.618。

换言之，若四方形的横轴是金融图表中的时间，纵轴是图表中的价位，则对角线$\sqrt{5}$ 实际上便是江恩的上升 1×2 线。若应用在图表分析上，假设市场根据 1×2 线上升见顶的话，则市场调整的时间便甚有可能在升市时间的 1.236 倍后结束。

从另一个角度去分析，假设正方形每边的边长为 1 个单位，应用勾股定理，对角线将为$\sqrt{2}$，将对角线平放，以$\sqrt{2}$ 作为正方形增长的比率，我们可以得到一个矩形，其高度为 1，而其宽度则为$\sqrt{2}$。

换言之，若四方形的纵轴及横轴分别为金融图表的价位及时间，则对角线$\sqrt{2}$ 实际上便是江恩的上升 1×1 线。假设市场根据 1×1 线上升见顶，则根据上面的理论，其调整时间应为升市时间的 0.414 倍，即$\sqrt{2}$ 减 1。

再以上面的矩形计算，其对角线的幅度将为$\sqrt{3}$，如此类推，所得出的横向增长比率为$\sqrt{3}$。换言之，其增长比率将以数字的平方根为增长的比率（图 6.2）。

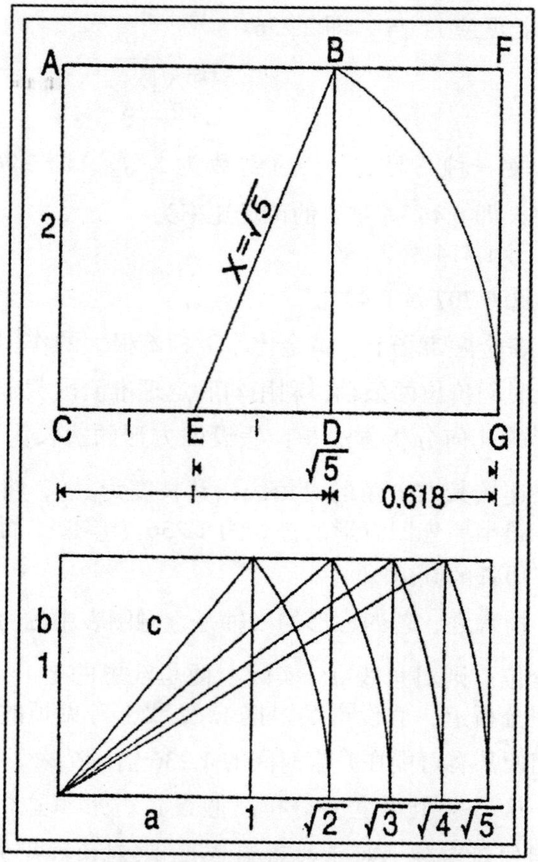

图 6.2　黄金矩形的几何分析方法

从另一个角度去考虑，若这种增长方式以两度空间的形式增长，则横向的增长比率将为：$\sqrt{2}$、$\sqrt{5}$、$\sqrt{13}$、$\sqrt{34}$的形式无限延伸。而向上增长的比率将为：$\sqrt{3}$、$\sqrt{8}$、$\sqrt{21}$、$\sqrt{55}$的形式增长（图 6.3）。换言之，平方根比率的增长模式乃是以神奇数字系列排列的单数及双数的形式延伸开来。

这两度空间可以视为金融图表上时间与价位的两大角度，若价位以$\sqrt{2}$、$\sqrt{5}$、$\sqrt{13}$、$\sqrt{34}$ 的比率延伸的话，则时间将以$\sqrt{3}$、$\sqrt{8}$、$\sqrt{21}$、$\sqrt{55}$ 的比率延伸开来。反之亦然。

综合而言，在金融市场的价位及时间分析方面，有两套重要的比率经常影响市场的发展。

第一套是黄金比率及所衍生的比率。

第一，黄金比率 0.618 及其衍生的比率：

①$\sqrt{0.618}\approx 0.786$；

② $0.618^1 = 0.618$；

③ $0.618^2 \approx 0.382$；

④ $0.618^3 \approx 0.236$；

⑤ $0.618^4 \approx 0.146$。

第二，黄金比率 0.618 的倒数 1.618 及其衍生的比率：

①$\sqrt{1.618}\approx 1.272$；

② $1.618^1 = 1.618$；

③ $1.618^2 \approx 2.618$；

④ $1.618^3 \approx 4.236$；

⑤ $1.618^4 \approx 6.854$。

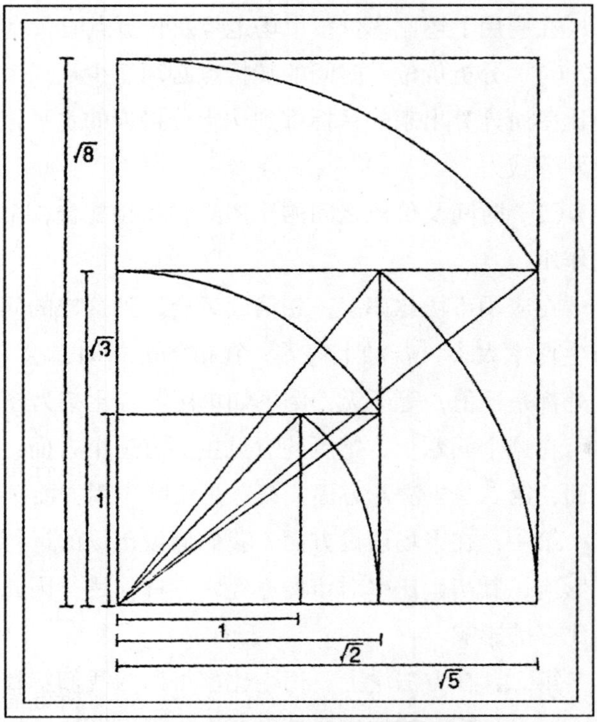

图 6.3　矩形以两度空间的比率增长

第二套比率以神奇数字本身的平方根为主。

这套比率中，最重要的是$\sqrt{2}$、$\sqrt{3}$、$\sqrt{5}$，以及其衍生的比率：

（1）$\sqrt{2}$的重要比率为：

① $1/\sqrt{2} \approx 0.707$；

② $\sqrt{2} \approx 1.414$；

③ $(\sqrt{2})^2 \approx 2$。

（2）$\sqrt{3}$的重要比率为：

① $1/\sqrt{3} \approx 0.577$；

② $\sqrt{3} \approx 1.732$；

③ $(\sqrt{3})^2 \approx 3$。

（3）$\sqrt{5}$的重要比率为：

① $1/\sqrt{5} \approx 0.447$；

② $\sqrt{5} \approx 2.236$；

③ $(\sqrt{5})^2 \approx 5$。

在应用上述比率分析市场走势及转折点时，有两点要注意：

（1）分析价位及时间的转折点必须至少从三个角度计算，要三种比率所计算出来的目标都到达十分接近的水平，计算的转折点才会发挥威力。

（2）时间及价位之间的比率必须互相配合，市场才会发挥应有的作用。

在应用市场比率上，相信读者会遇到这样的问题：黄金比率的衍生比率太多，若加上误差，在市场分析时总会有一个比较适用。到处都是比值，等于无，倒不如单用黄金比率为佳。

在这个问题上，笔者的意见主要有三个方面：第一是市场假设方面，第二是方法论方面，第三是实际应用方面。

第一，在市场假设方面，我们假设市场的运行不单是受黄金比率影响，其衍生比率对市场亦经常发挥作用，因此我们必须正视衍生比率的影响。

第二，在方法论上，衍生比率可以为我们解释大部分市场的走势，减少分析时的模糊区域。在这方面，应用衍生比率要视分析者对于中间地带模糊区域的忍受程度，这点因人而异。

第三，在实际应用方面，有两点需要特别注意：①对于长线走势，由于幅度差距甚大，有必要利用衍生比率，令计算目标更为精确，减低误差的可容忍程度。②利用黄金比率及其衍生比率，必须配合波浪形态的分析，当形态与比率的目标一致时，测市准确性便可提高。

前面已说过，根据几何分析，将正方形的对角线与正方形的边长比例作为矩形的延伸比率，如此类推，我们可以得到一个无限延伸的矩形，其增长的比率是根据数字的平方根比率，因此可称为"平方根矩形"。

在实际应用上，我们可以根据市场周期的时间，利用平方根比率计算下一个可能的市场转折点。

以美元兑马克的走势为例（图 6.4）：

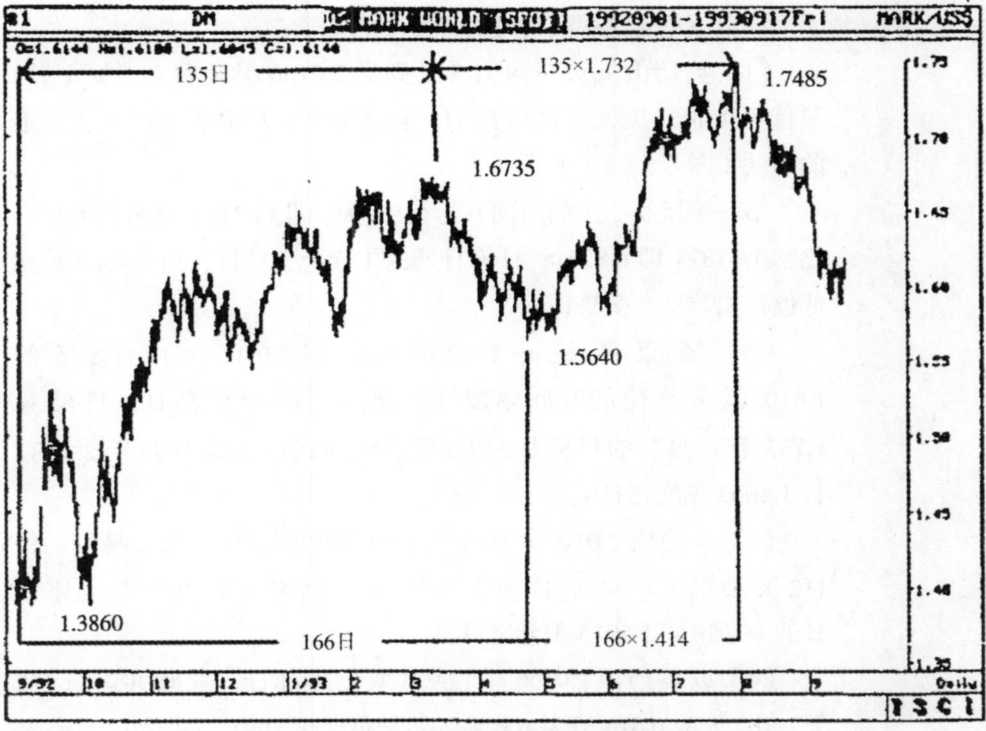

图 6.4　美元兑马克周线图与平方根比率

美元兑马克于 1992 年 9 月 2 日创出历史性低位 1.3860，之后美元大幅反弹，到1993年8月2日的1.7485马克告终，共运行236个交易日。

在这段时间中，笔者发现，美元兑马克的走势充分反映了平方根比率的完美地方，其一为$\sqrt{2}$，其二为$\sqrt{3}$。

第一，美元兑马克由1992年9月2日1.3860至1993年4月26日重要低位1.5640，共运行166个交易日。由1.3860起计，166天的1.414倍（$\sqrt{2}$）目标为234.7个交易日，与大顶1.7485之日只相差1.3天。

第二，美元兑马克由1992年9月2日1.3860上升至1993年3月10日1.6735重要顶部，共135天。由1.3860起计，135天的1.732倍为233.8天，与大顶1.7485之日只相差2.2天。

从上面分析，平方根比率在汇市确可大派用场。

应用平方根比率分析汇市的周期，笔者发现其中准确性甚为吸引人。以下笔者试引英镑过去走势中的例子：

（1）英镑由1992年9月8日高见2.0100美元后，大幅下跌，最低见1.4063美元，共运行112个交易日，其中清楚可见五个浪的下跌（图6.5）。

第一浪至第二浪的时间共运行16天，若将16个交易日乘黄金比率1.618^4（即6.854），计算日期为110个交易日，与1.4063美元低位只相差2个交易日。

（2）若以英镑由1992年9月8日2.0100至12月8日的1.6100美元高位的时间幅度计，期间共65个交易日，将65乘1.732倍（$\sqrt{3}$）的目标是112.6天，刚好到达英镑1993年2月12日1.4063见底之日。

（3）英镑由2.0100下跌至1.4063的时间共112个交易日，将112天乘以$1/\sqrt{5}$（0.447倍）为50天，刚好到达1993年4月26日的中期顶部1.5975美元之日。

（4）以英镑由2.0100至1.5975两个顶部计，期间共运行162天，162天的0.618倍为100天，乃是英镑于1993年9月10日高见1.5572美元之后的1天，之后英镑大幅回调至1.5000美元的水平。

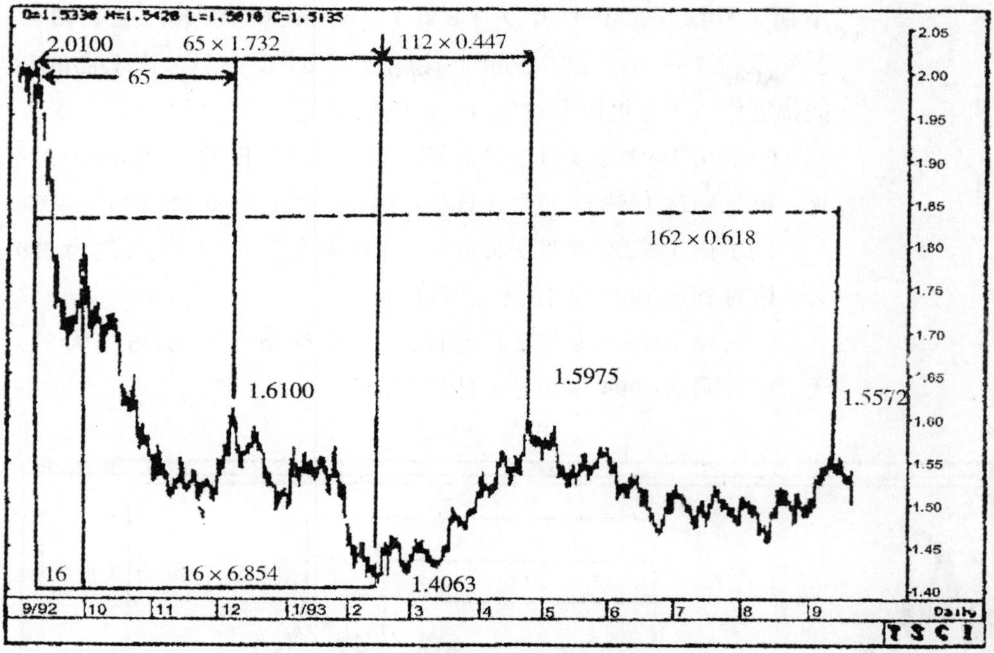

图 6.5　英镑兑美元周线图与平方根比率

平方根比率影响强大

在市场几何学里面，除了黄金比率之外，最常用于量度市场的时间及价位比率乃是平方根比率。在平方根比率中，最常被使用的，乃是 2、3 及 5 的平方根，其比率为：

① $\sqrt{2} \approx 1.414$；

② $\sqrt{3} \approx 1.732$；

③ $\sqrt{5} \approx 2.236$。

上面 2、3 及 5 三个数字，刚好亦为神奇数字。

此三个比率，在市场几何学上甚为重要。以下笔者引用美元从 1992 年 9 月以来的升浪作平方根比率的分析（图 6.6）。

1992 年 9 月 2 日美元兑马克创历史性低位 1.3860，之后进入中期上升浪。由1992年9月2日1.3860马克低位起，至1993年全年低位4月26日的1.5660，共运行167个交易日。以上面的时间幅度作一平方根比率的分析，影响如下：

（1）由1992年9月2日起计，167个交易日的1.414倍为236天，刚好到达1993年8月2日全年高点。

（2）由1992年9月2日起计，167个交易日的1.732倍为289天，刚好到达1993年10月12日低点。

（3）由1992年9月2日起计，167个交易日的2.236倍为373天，刚好到达1994年2月8日全年高点。

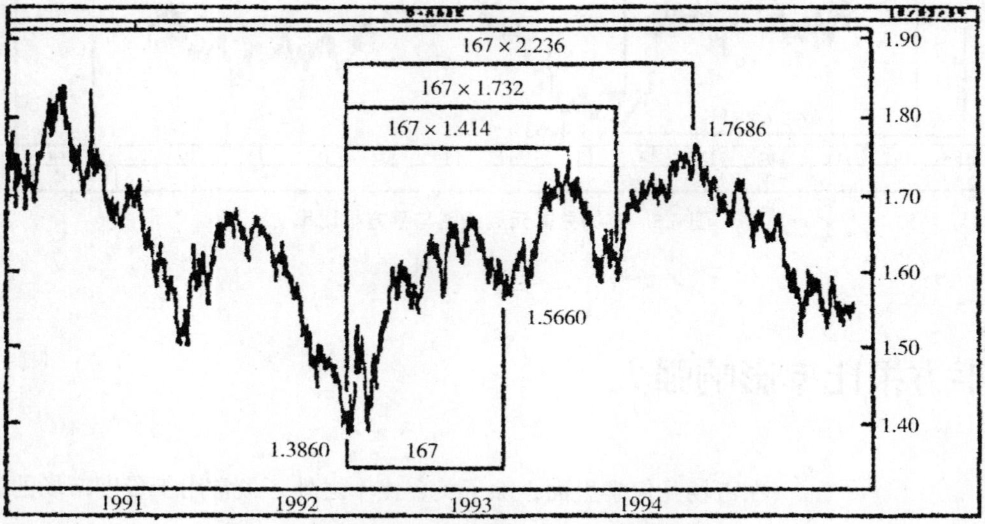

图6.6　美元兑马克周线图与平方根比率

$\sqrt{3}$的对称作用

在市场几何学的研究当中，市场的对称性占据极为重要的位置，只要分析者能够掌握从前的市场波动规律，则这个市场规律将会在未来重现，以满足市场对称的结构。

在笔者的研究中，英镑长线走势的时间结构相当完美，可作为市场对称性的一个例证。

英镑兑美元于1980年10月高见2.4555美元（图6.7），之后展开大幅下跌，最低于1985年2月低见1.0300美元，共下跌226个星期。

由此低位起计，英镑展开大幅反弹，于1988年高见1.8900美元，共反弹165个星期。

若以时间比率计算，由1980年10月高点开始，226个个星期的1.732倍时间刚好到达1988年4月的高点。1.732是3的平方根。

事实上，上述市场的波动在1985年2月的低位1.0300美元开始重复发生。由1.0300美元历史性低位起计，226个星期之后刚好为1989年6月的低位1.4935美元。若以1.0300美元起计，226个星期的1.732倍时间刚好到达1992年9月高点2.0100美元，之后市场出现大幅逆转。

上述例证显示，$\sqrt{3}$的市场对称作用影响力甚大。

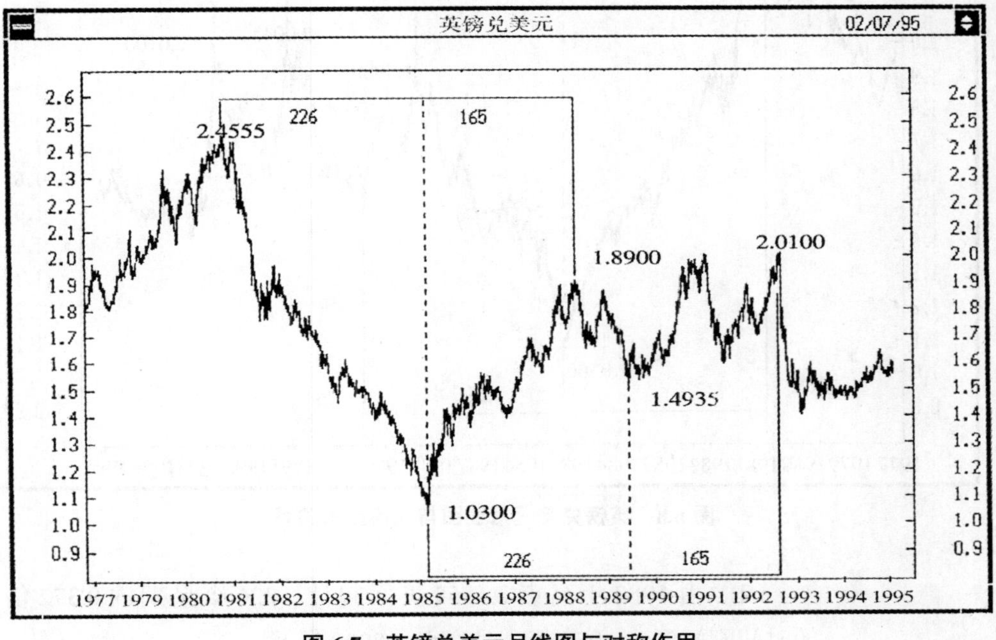

图6.7　英镑兑美元月线图与对称作用

以数学比率分析英镑兑美元的长期走势，笔者发现，英镑的市场结构甚为有趣，与$\sqrt{3}$（1.732）这个比率关系异常密切。

事实上，英镑自1985年以来共出现三个主要的顶部，分别是1988年1月顶部1.8900美元、1991年2月顶部2.0045美元及1992年9月顶部2.0100美元。计算显示，上述三个顶部全部与1980—1985年的大跌浪存在着几何比率上的关系。

由1980年高点2.4555美元开始，英镑大幅贬值，下跌至1985年2月低点1.0300美元，整个跌浪共下跌226个星期。根据226个星期计算，上述三个顶部的时间如下（图6.8）：

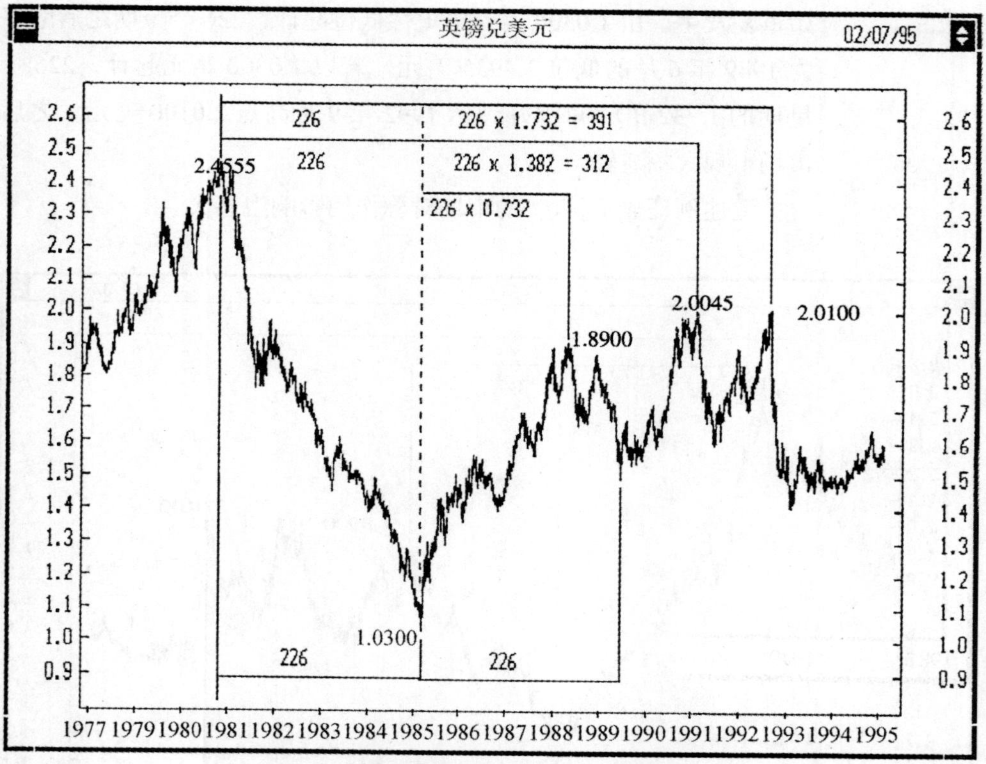

图6.8　英镑兑美元月线图与几何比率关系

（1）由1980年高点2.4555美元起计，226个星期的0.372倍的时间刚好到达1988年1月高点1.8900美元。

（2）由 1985 年 2 月低点 1.0300 美元开始起计，226 个星期的 1.382 倍的时间刚好到达 1991 年 2 月高点 2.0045 美元。

（3）由 1985 年 2 月低点 1.0300 美元起计，226 个星期的 1.732 倍的时间刚好到达 1992 年 9 月高点 2.0100 美元。

上面证明，市场的转折点往往与从前的趋势存在着紧密的数学关系。

在美元兑马克的中期走势上，亦出现颇为完美的平方根比率关系。以下笔者作一引证（图 6.9）：

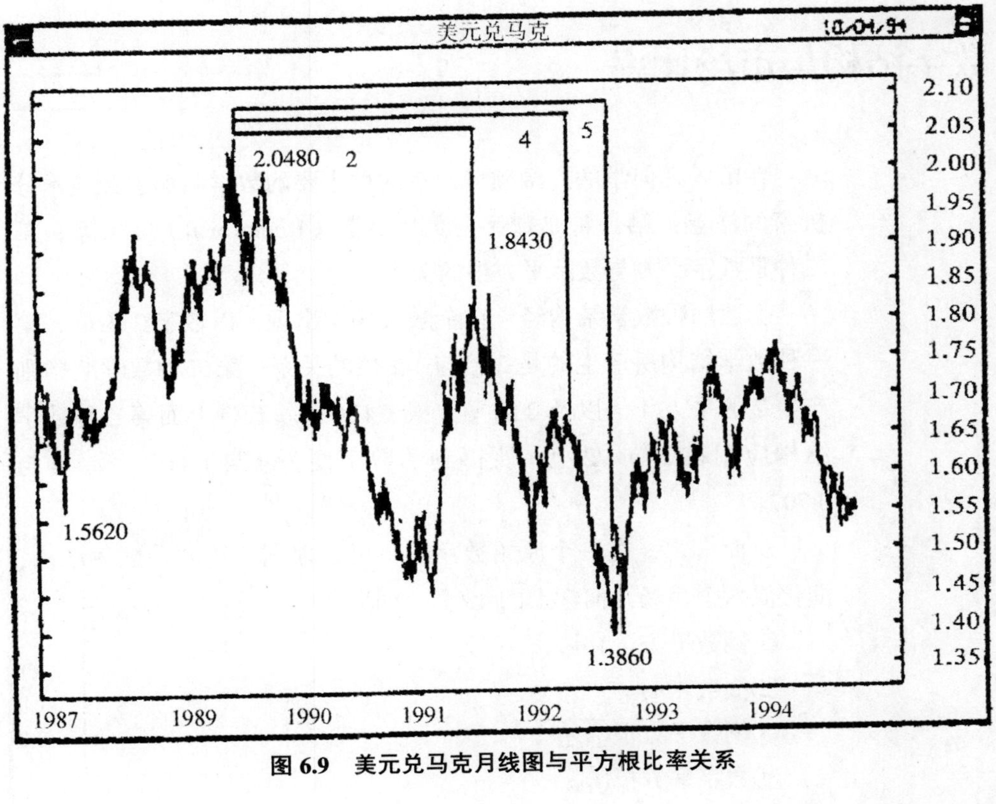

图 6.9　美元兑马克月线图与平方根比率关系

（1）美元兑马克由 1988 年 1 月 4 日 1.5620 进入大幅反弹，最高于 1989 年 6 月 15 日见 2.0480，时间运行 75 个星期。由 2.0480 的高点起计，运行 75 个星期的 1.414 倍（$\sqrt{2}$），即 106 个星期，其时间刚好到达 1991 年 7 月 5 日高点 1.8430 的前 1 个星期，之后出现一个相当大的市场逆转。

（2）若由 1989 年 6 月 15 日的 2.0480 马克高点起计，运行 75 个星期的 2 倍（$\sqrt{4}$），时间为 1992 年 5 月初，十分接近 1992 年全年的顶部。

（3）若由 1989 年 6 月 15 日的 2.0480 马克高点起计，运行 75 个星期的 2.236 倍（$\sqrt{5}$），时间共为 168 个星期，刚好到达 1992 年 9 月 2 日低点 1.3860 马克，之后美元进入大幅反弹期。

上面的市场走势体现了几何学上的平方根关系。

数字结构与市场比率

在市场几何学的广阔领域，有两种主要的数学结构引起技术分析家的注意：第一种是数字与数字倒数（Reciprocal）的关系；第二种是数字平方与数字平方根的关系。

上述两种数学结构经常在金融市场上出现，以数字 2 为例，第一种数学结构所产生的是 2 倍与 1/2 倍的关系；第二种数学结构则产生 2 的平方 4 倍以及 2 的平方根 1.414 倍。若将上面第二种数学结构应用在 2 与 1/2 上，所得到的数字便为 4 与 1.414，及 1/4 与 0.707。

总而言之，在一个原始数字上，可以根据上述两种数学结构，演化成六个市场几何学上的比率，包括：

①倒数平方 $(1/n)^2$；

②倒数 $1/n$；

③倒数平方根 $\sqrt{1/n}$；

④数字平方根 $\sqrt{n}$；

⑤数字 n；

⑥数字平方 n^2。

依照数字的倒数关系与平方关系，我们可以引申出多个市场的重要比率。

数字序列里面，最基本的是 2 与 3，其比率为：

数字	2	3
倒数平方	$(1/2)^2=0.25$	$(1/3)^2=0.111$
倒数	$1/2=0.5$	$1/3=0.333$
倒数平方根	$\sqrt{1/2}=0.707$	$\sqrt{1/3}=0.577$
数字平方根	$\sqrt{2}=1.414$	$\sqrt{3}=1.732$
数字平方	$2^2=4$	$3^2=9$

除了 2 及 3 两个数字之外，5 及 7 亦为重要的基本数字：

数字	5	7
倒数平方	$(1/5)^2=0.04$	$(1/7)^2=0.02$
倒数	$1/5=0.2$	$1/7=0.143$
倒数平方根	$\sqrt{1/5}=0.447$	$\sqrt{1/7}=0.378$
数字平方根	$\sqrt{5}=2.236$	$\sqrt{7}=2.646$
数字平方	$5^2=25$	$7^2=49$

若我们看数字的基本结构是以神奇数字序列为基础，其结构是 1 加 1 等于 2、2 加 1 等于 3、3 加 2 等于 5，如此类推，其数学序列为 1、1、2、3、5、8、13、21、34、55、89……由上面的数字序列，我们可以得到神奇数字比率，其中最重要的是黄金比率。

黄金比率是以神奇数字中的后一个序列数字与前一个数字相除，最终汇聚为 1.618，其倒数则为 0.618。

若我们以黄金比率 0.618 放在前述的数字结构里面，所得到的比率将为大家所熟悉：

数字	0.618
倒数平方	（1/0.618）2=2.618
倒数	1/0.618=1.618
倒数平方根	$\sqrt{1/0.618}=1.272$
数字平方根	$\sqrt{0.618}=0.786$
数字平方	$0.618^2=0.382$

再进一步，若我们计算黄金比率的倒数立方、倒数立方根及立方，其结果为：

倒数立方	$(1/0.618)^3=4.236$
倒数立方根	$\sqrt[3]{1/0.618}=0.853$
数字立方	0.6183=0.236

当我们要从市场几何学的角度了解金融市场波动的规律时，其实可根据两种数学的序列方法去探讨。

第一种是纵向的序列方法，即以某数字所衍生的数学比率去了解，例如以数字 2 为基础，探讨市场时间或价位的 0.25、0.5、0.707、1.414、2 及 4 倍的关系。

第二种是横向的序列方法，即以数字的形式去了解市场波动的规律，例如以数字平方根为基础，探讨市场时间或价位的 1.414、1.732、2、2.236、2.450 及 2.646 倍的关系，等等。

究竟在什么市场应该应用何种比率序列，则必须由市场的过往波动规律去决定。若某种序列能够有效解释某种市场的波动形式，则应用该数学序列作进一步市场预测的成功率便会增加。

此外，某些情况下，在金融市场的某些价位，几套数学序列可能会汇聚在相当的水平，这些水平将成为市场的重要支撑或阻力，随时会扭转市场的大趋势。

最后，若几套数学序列无论是价位还是时间都汇聚在一起，市场出现重要转折点的机会则更大。

有关市场比率的序列如何应用在市场分析上，我们可以利用美元兑马克 1991—1994 年的走势作一例子（图 6.10）。

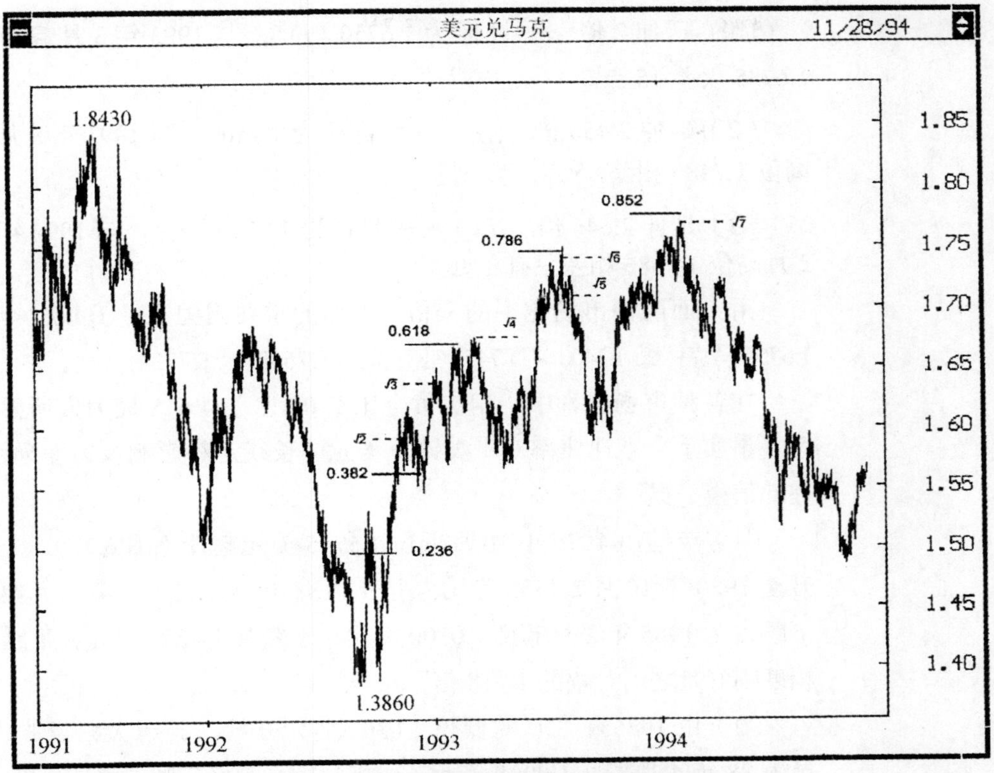

图 6.10 美元兑马克周线图与黄金比率序列

美元兑马克由 1991 年 7 月 5 日高位 1.8430 下跌至 1992 年 9 月 2 日低位 1.3860，共下跌 4570 点，若应用黄金比率的序列计算美元的反弹，有以下结果：

（1）反弹 0.618——目标为 1.6684 马克，为 1993 年 2 月的阻力。

（2）反弹 0.786（$\sqrt{0.618}$）——目标为 1.7452，与 1993 年 8 月高点 1.7485 相差仅 33 点。

（3）反弹 0.852（$\sqrt[3]{0.618}$）——目标为 1.7754，与 1994 年 2 月高位 1.7686 相差只有 68 点。

从另一个角度去看，美元兑马克由 1992 年 9 月低位 1.3860 开始反弹，第一组浪反弹至 9 月 17 日高点 1.5305 马克。以此幅度计算平方根的延伸比率，有以下结果：

（1）延伸 2 倍——目标为 1.6750 马克，与 1993 年 3 月高点 1.6735 仅差 15 点。

（2）延伸 2.450 倍（$\sqrt{6}$）——目标为 1.7400，与 1993 年 8 月高位 1.7485 相差 85 点。

（3）延伸 2.646 倍（$\sqrt{7}$）——目标为 1.7683 马克，与 1994 年 2 月高位 1.7686 相差只有 3 点。

由上面两种市场比率的分析，美元的重要阻力在：① 1.6684 ~ 1.6750 马克；② 1.7400 ~ 1.7452 马克；③ 1.7683 ~ 1.7754 马克。

在各种市场比率中，相信黄金比率 0.618 与 1.618 最为人所熟悉。事实上，上述比率对于英镑兑美元的长线走势影响极为深远，在此值得一提：

（1）英镑由 1976 年 10 月低位 1.5745 美元起计（图 6.11），上升至 1980 年 10 月 2.4555 美元，上升共 8810 点，之后，英镑大幅下跌，至 1985 年 2 月低见 1.0300 美元，下跌共 1.4255 美元，下跌幅度刚好是之前升幅的 1.618 倍，相当神奇。

（2）由 1985 年 2 月的低位 1.0300 美元开始，英镑大幅反弹，至 1988 年 4 月高见 1.9055 美元，屈指一算，刚好反弹了之前 1980 至 1985 年跌幅的 0.618 倍。到达 0.618 阻力水平后，英镑出现近 3400 点的跌幅。

（3）英镑由 1988—1992 年经过反复涨落后，于 1992 年 9 月高见 2.0100 美元。计算起来，英镑由 1985 年 1.0300 美元上升至 2.0100 美元，共上升 9800 点。值得注意的是，英镑于 1992 年下半年出现大幅贬值，于 1993 年 2 月最低见 1.4065 美元，其支撑位实际上乃是 1985—1992 年英镑升幅的 0.618 倍回吐水平，非常准确。

综合来说，0.618 与 1.618 的市场比率在市场走势之中，确实起着难以解释的作用。

黄金比率 1.618 与其倒数 0.618 在英镑走势中发挥很大的影响力。事实上，若读者仔细研究英镑走势中的时间价位几何关系，可以发现，$\sqrt{2}$约为 1.414 与其倒数 0.707 亦对英镑产生重大威力，最重要的是在 1992 年 9 月引发英镑兑美元大幅贬值。

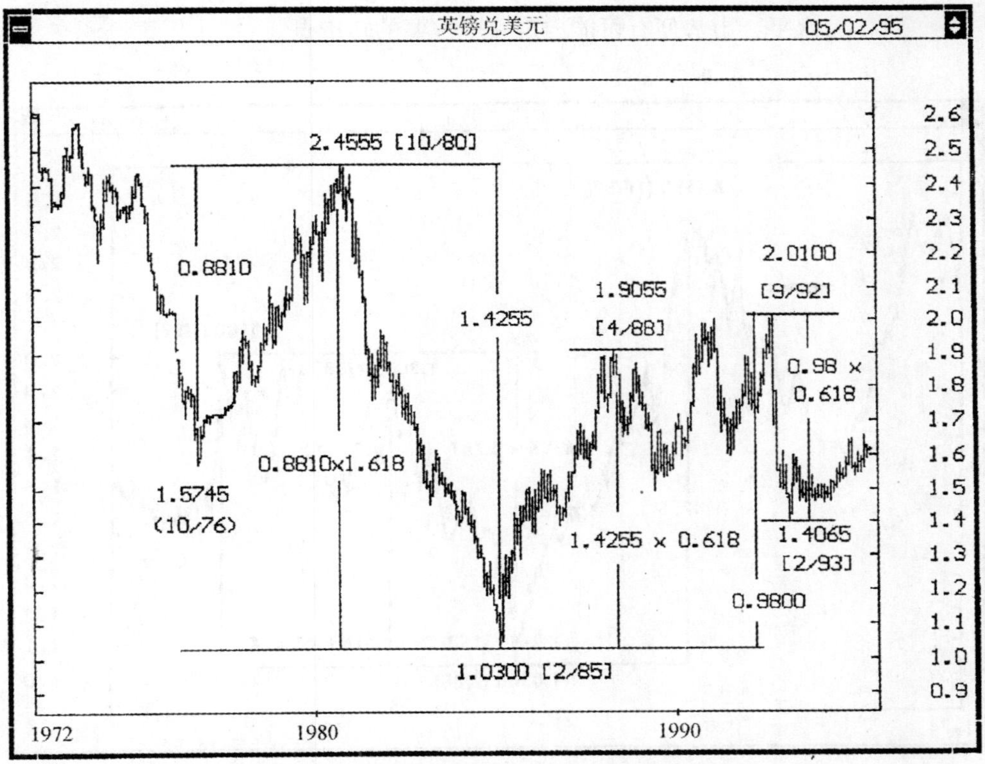

图 6.11 英镑兑美元周线图与黄金比率序列

在价位方面，英镑由 1980 年 10 月高见 2.4555 美元后大幅回落（图 6.12），最低于 1985 年 2 月低见 1.0300 美元，跌幅 1.4255，若计算其反弹的 0.707 倍，目标为 2.0378 美元，与 1992 年 9 月高点 2.0100 美元，相差只有 278 点或 2.76%。

时间方面，英镑由 1985 年 2 月 1.0300 美元上升至 1988 年 4 月高点 1.9055 美元，共运行 163 个星期。由 1.9055 美元高点起计，163 个星期的 1.414 倍为 230 个星期，刚好为 1992 年 9 月 8 日英镑见 2.0100 美元大顶之后的 1 个星期。

由于时间及价位都到达 $\sqrt{2}$ 及其倒数比率，英镑于 1992 年 9

月出现大幅下泻。

从上述例子，笔者有如下市场几何学理论的总结：如果市场的走势，无论在时间及价位上，都到达重要的平方根及其倒数的比率水平，市势便有可能出现一个重要的转折点。

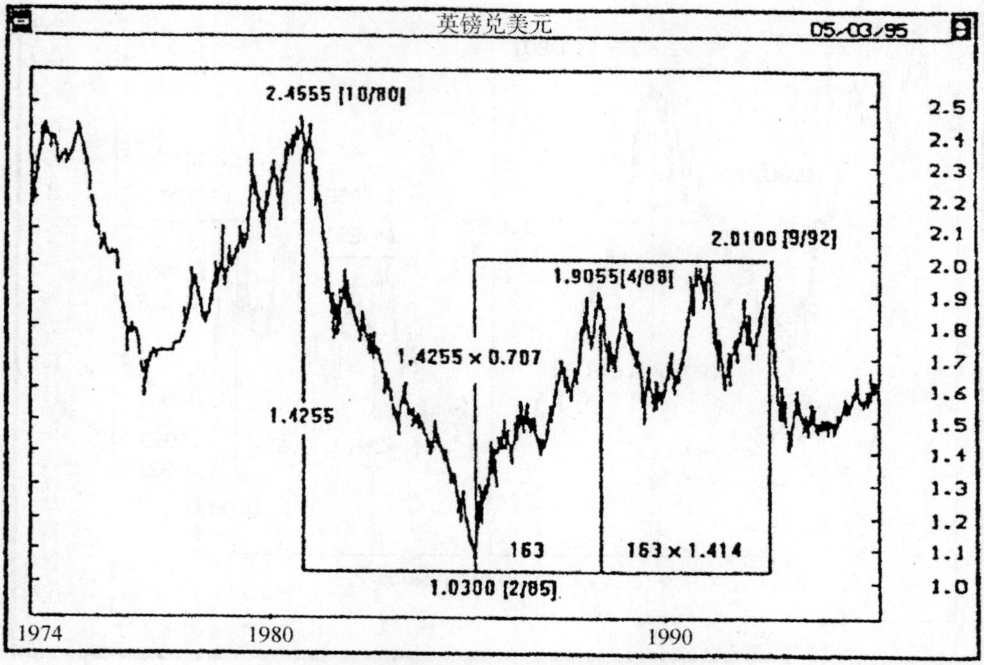

图 6.12　英镑兑美元周线图与黄金比率序列

对称关系

在市场几何学中，几何比率极为重要，但若将之还原至原始状态，市场的对称作用便不可忽视。总的来说，市场几何学的理念极其简单，但效果却相当强大，主要有以下两方面的分析：

（1）市场时间的 1 ： 1 关系。

（2）市场趋势之间的平方根比率关系。

从美元兑马克的中线走势来看，上述两种关系对于市场趋势的发展有着极为深远的影响。

在市场时间的 1 ：1 关系中，有两点值得留意：

第一，美元兑马克由 1988 年 1 月 4 日的 1.5620 开始进入大幅反弹，至 1989 年 6 月 15 日 2.0480 马克见顶，期间共运行 75 个星期，上升 4860 点。1992 年 9 月 2 日美元兑马克于 1.3860 见底，进入中期反弹，至 1994 年 2 月 8 日 1.7686 见顶，上升 3826 点，而时间刚好也是运行 75 个星期，与 56 个月前的升浪时间一模一样（图 6.13）。

第二，美元兑马克由 1988 年 1 月 4 日 1.5620 低位至 1992 年 9 月 2 日 1.3860 低位，两者相差共 243 个星期。无独有偶，由 1989 年 6 月 15 日的高点 2.0480 至 1994 年 2 月 8 日高点 1.7686，两个重要顶部的高点相隔亦为 243 个星期。

上述两个观察，充分反映市场时间 1 ：1 关系的重要性。

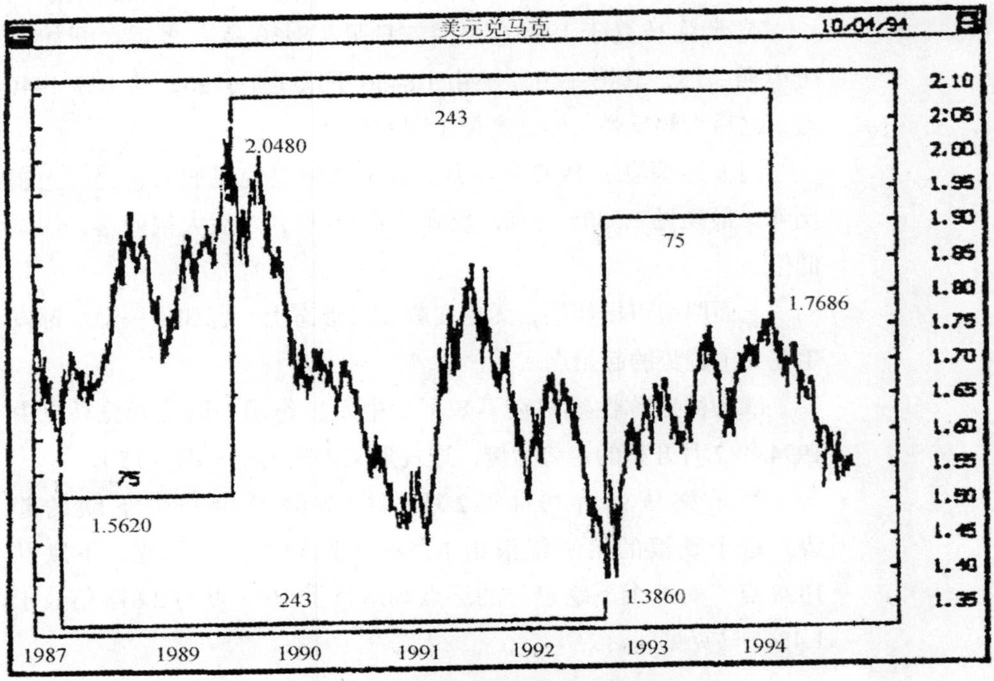

图 6.13　美元兑马克周线图与对称关系

市场对称性

在市场几何学中，我们十分强调金融走势的对称作用，这种市场的特质，我们称之为市场对称性（Market Symmetry）。

市场对称性，是指在价位及时间循环上，若出现某一个幅度的波动，则在其后的市场发展中，该价位或时间的幅度会在对称的地方重复出现。

上述概念，在多种技术分析理论中都曾断断续续提及，包括艾略特的波浪理论、江恩理论与卫奕达（W.Wilder）的亚当理论（Adam's Theory），其中卫奕达在这方面作出了深入的研究。不过，亚当理论所述及的市场对称性，只作为买卖技巧在方法论上得以应用，未曾将之看作一种市场的结构本质。

以下笔者引用美元兑马克的例子，以解释市场对称性的现象。

美元兑马克于 1991 年 7 月 5 日见 1.8430 高点之后，开始一个中期跌浪，其第一组跌浪由 1.8430 下跌至 1.6990，共下跌 1440 点，之后大幅反弹，回试高位（图 6.14）。

当上述跌浪于 1992 年 9 月 2 日 1.3860 马克见底后，美元大幅反弹，最高见 1.5305 马克，反弹共 1455 点，之后大幅回落，回试低位。

上面两组市场作用，无论在幅度及形态上，皆如出一辙，都发生在一个趋势的起始点。

市场的对称性经常在不知不觉中发挥作用，以美元兑马克由 1994 年 2 月开始的走势为例，这现象又再次出现（图 6.15）。

美元兑马克由 1994 年 2 月 8 日 1.7686 开始一个下跌的趋势，这个跌浪的第一组浪由 1.7686 下跌至 1.6588 马克，下跌共 1098 点，而这个下跌趋势的终点则运行了 1098 点的 2.618 倍，于 1.4845 马克见底。

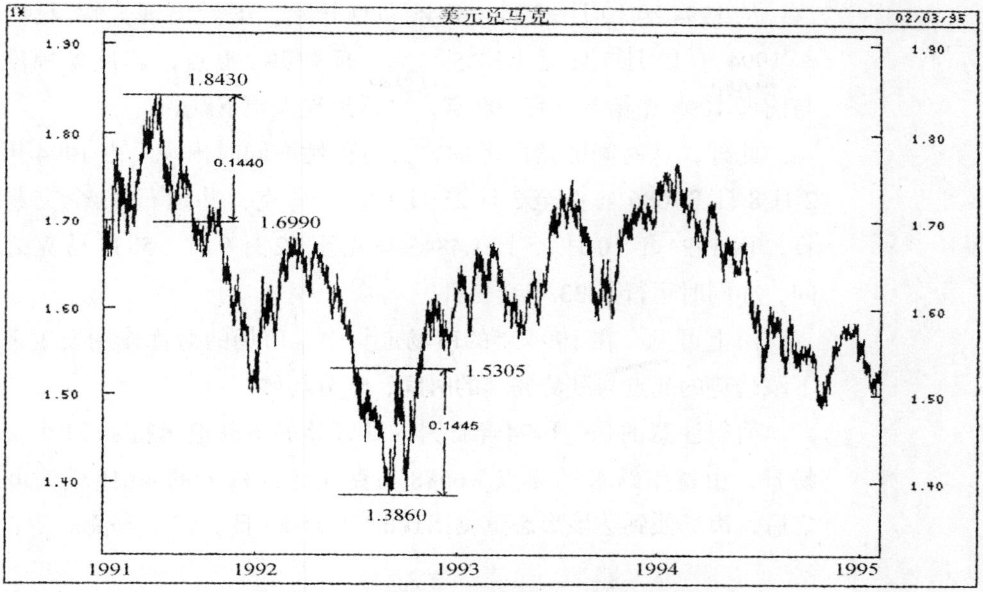

图 6.14　美元兑马克周线图与对称关系（1）

图 6.15　美元兑马克周线图与对称关系（2）

从1994年10月25日1.4845马克开始，美元出现大幅反弹，于1994年12月9日见1.5835马克，反弹共990点，其反弹幅度与前者1098点相差只有108点，之后出现大幅下跌。

此外，从时间的角度考虑，其对称性亦同时出现。由1994年2月8日1.7686马克至3月25日1.6588马克，共运行33个交易日，而1994年10月25日1.4845马克至12月9日1.5835马克之间，亦同时运行了33个交易日。

由上可见，在1994年的市场走势中，市场的对称作用发生在下跌趋势的起点与跌势完结的时间，十分巧妙。

值得注意的是，1994年2月8日开始的下跌浪运行了33个交易日，由这组跌浪的终点1.6588马克起计，33天的4.618倍时间之后，市场便到达该形态重复出现的10月25日1.4845马克。

第七章

时间循环与数字结构

在研究数字序列对于市场时间及走势的影响时，神奇数字及其衍生的系列是最为重要的数字序列。此外，数字的平方与立方亦是市场的重要数字序列之一。

平方与立方序列

在研究数字序列对于市场时间及走势的影响时，神奇数字及其衍生的系列是最为重要的数字序列。此外，数字的平方与立方亦是市场的重要数字序列之一。数字的平方及立方的序列如下：

1	$1^2=1$	$1^3=1$
2	$2^2=4$	$2^3=8$
3	$3^2=9$	$3^3=27$
4	$5^2=16$	$4^3=64$
5	$5^2=25$	$5^3=125$
6	$6^2=36$	$6^3=216$
7	$7^2=49$	$7^3=343$
8	$8^2=64$	$8^3=512$
9	$9^2=81$	$9^3=729$
10	$10^2=100$	$10^3=1000$
11	$11^2=121$	$11^3=1331$
12	$12^2=144$	$12^3=1728$
13	$13^2=169$	$13^3=2197$
14	$14^2=196$	$14^3=2744$
15	$15^2=225$	$15^3=3375$
16	$16^2=256$	$16^3=4096$
17	$17^2=289$	$17^3=4913$
18	$18^2=324$	$18^3=5832$
19	$19^2=361$	$19^3=6859$
20	$20^2=400$	$20^3=8000$

马克的平方序列

从数字结构的角度来看，市场的变化并非随意出现，而是存在着一种十分完美的数学关系，其中影响力强大的，乃是数字的平方序列。

数字平方序列在市场周期里经常引发市势的逆转，以下笔者以美元兑马克从 1994 年 2 月 8 日 1.7686 以来的下跌浪为例，分析平方序列对于市况的影响（图 7.1）。

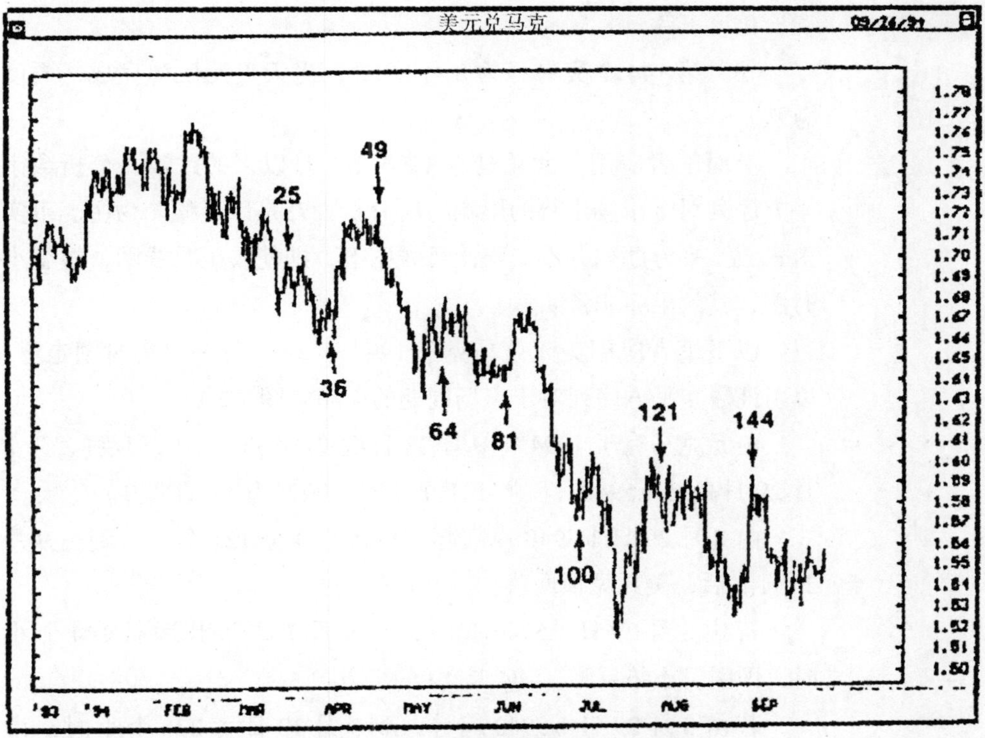

图 7.1　美元兑马克日线图与平方序列

由 1994 年全年高点计算：

（1）第 25 个交易日为 3 月 15 日，是一个短期逆转日。

（2）第 36 个交易日为 3 月 30 日，1 个交易日后美元于 1.6620 见底回升。

（3）第 49 个交易日为 4 月 18 日，当天为美元兑马克反弹的高点，高见 1.7230 后回落。

（4）第 64 个交易日为 5 月 9 日，2 个交易日后，美元完成反弹，由 1.6815 见顶回落。

（5）第 81 个交易日为 6 月 1 日，当天开始美元反弹超过 300 点。

（6）第 100 个交易日为 6 月 28 日，当天开始美元由 1.5760 反弹，最高见 1.6060 马克。

（7）第 121 个交易日为 7 月 27 日，数个交易日前美元完成反弹，再度下跌。

（8）第 144 个交易日为 8 月 29 日，当天美元反弹完成，再度急跌。

上面笔者应用美元兑马克 1994 年 2 月以来的跌浪，分析数字平方序列对于市场走势的影响，所分析者乃是以日线图为主。事实上，数字平方序列并不局限于日线图上，即使长至月线图，短至小时图，其效果亦非常明显。

以下笔者应用美元兑马克于 1994 年 8—9 月一段小时图走势，以引证数字平方序列对于市场周期的应用（图 7.2）。

美元兑马克于 1994 年 8 月 23 日低见 1.5300 后出现反弹，于 8 月 29 日高见 1.5940，反弹 121 个小时，刚好为 11 的平方。

由 8 月 29 日 1.5940 顶部起计，运行 4 个 121 个小时到达 9 月 26 日之后，美元见顶回落。

若由 8 月 29 日 1.5940 起计，至 9 月 7 日低点运行 144 个小时，即引发市势反弹。144 是 12 的平方。

若由 8 月 29 日 1.5940 起计，到 9 月 12 日为 225 个小时，市势出现反弹。225 为 15 的平方。

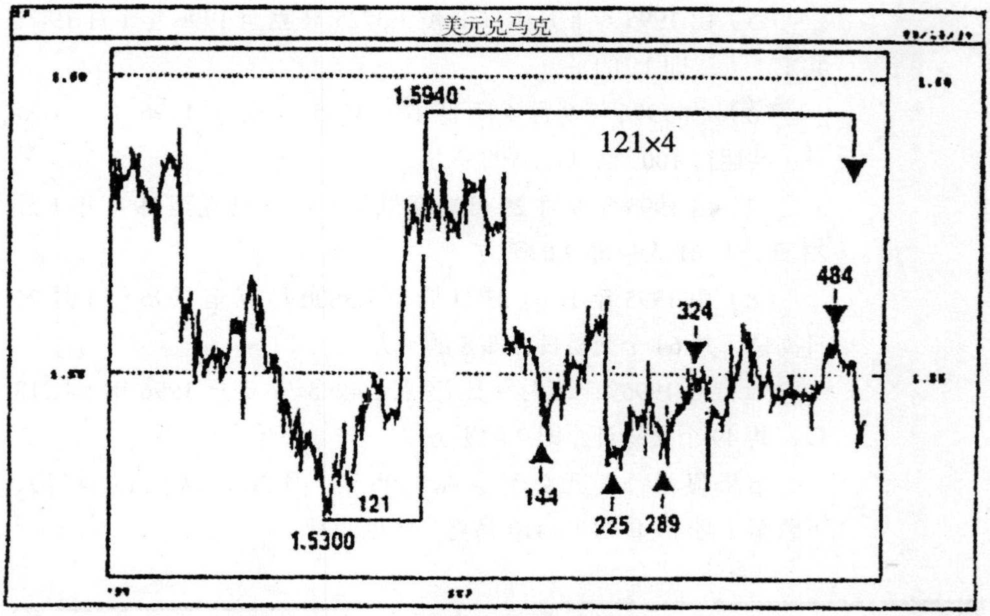

图 7.2 美元兑马克小时图与平方序列

由 8 月 29 日 1.5940 起计，289 个小时，即 17 的平方，亦为市场的另一个底部。

由 8 月 29 日 1.5940 高点运行 324 个小时，市场到达反弹高点，324 为 18 的平方。

最后，由 8 月 29 日 1.5940 至 9 月 26 日，美元见顶回落，时间刚好是 22 的平方 484 个小时，即 121 的 4 倍。

在 1995—1996 年的美元兑马克走势中，市场亦出现了十分重要的时间平方结构，值得细看（图 7.3）：

（1）由 1995 年 3 月 8 日历史性低位 1.3430 马克起计，至 1996 年 1 月 22 日为 225 个交易日，即 15 的平方。

（2）由 1995 年 4 月 19 日低点 1.3455 马克起计，至 1996 年 1 月 23 日为 196 个交易日，即 14 的平方。

（3）由 1995 年 5 月 29 日低位 1.3735 马克起计，至 1996 年 1 月 24 日为 169 个交易日，即 13 的平方。

（4）由 1995 年 7 月 3 日低位 1.3775 马克至 1996 年 1 月 23 日，共 144 个交易日，即 12 的平方。

（5）由1995年8月1日低位1.3725马克至1996年1月19日共121天，即11的平方。

（6）由1995年9月4日低位1.4565马克至1996年1月24日，共运行100天，即10的平方。

（7）由1995年9月29日短期低位1.4135马克至1996年1月23日，共81天，即9的平方。

（8）由1995年10月23日低位1.3800马克至1996年1月22日高位，共64个交易日，即8的平方。

（9）由1995年11月9日高点1.4265马克至1996年1月18日，共49个交易日，即7的平方。

结果显示，美元兑马克在1996年1月26日高见1.4945后，下跌至2月19日的1.4410马克，才见回升。

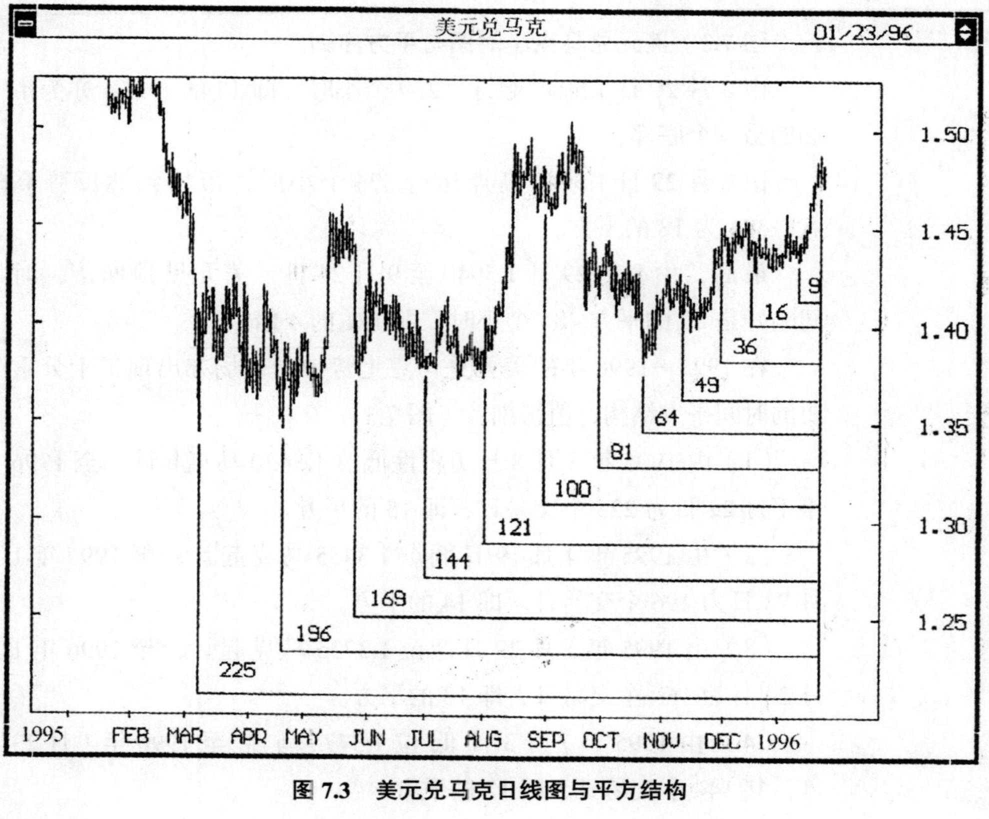

图7.3　美元兑马克日线图与平方结构

马克的立方序列

笔者先后讨论过数字平方序列对市场循环的影响，以下笔者亦以美元兑马克日线图为例，讨论数字立方序列的应用。数字立方序列的起点由 1992 年 10 月 5 日 1.3885 马克的低位开始（图 7.4）。

（1）4 的立方为 64 天，到达 1993 年 1 月 5 日，与 1 月 8 日高点相差 3 个交易日。

（2）6 的立方为 216 天，到达 1993 年 8 月 4 日，与 8 月 2 日高点 1.7485 相差只有 2 天。

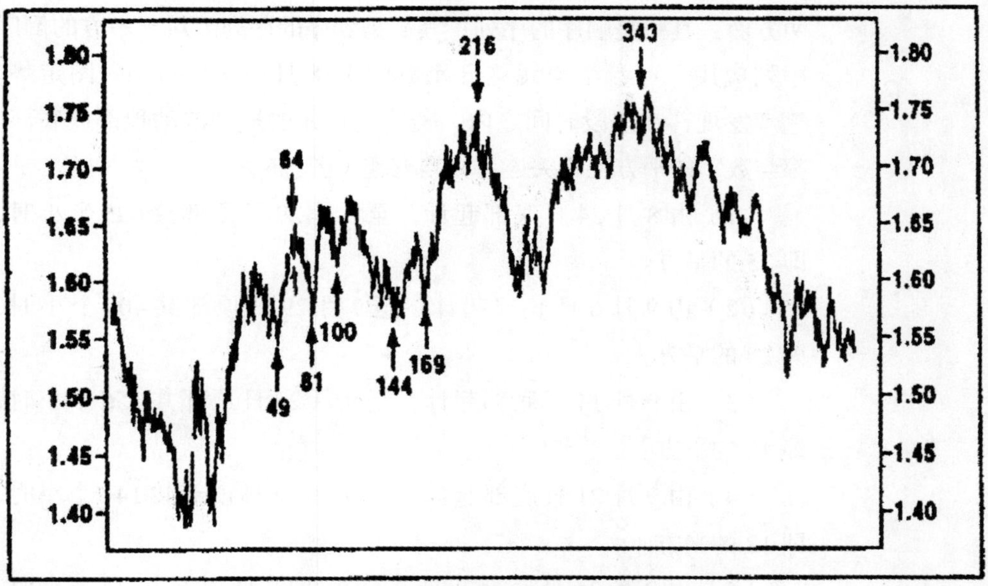

图 7.4　美元兑马克日线图与立方序列

（3）7 的立方为 343 天，到达 1994 年 1 月 31 日，与全年高点 2 月 8 日 1.7686 相差 6 个交易日。

上例显示，美元兑马克三个顶部都在数字的立方数上出现，走势颇为完美。此外，由 1992 年 10 月 5 日美元低位 1.3885 马克以来的运行，数字的平方数亦有相当大的影响力：

（1）8 的平方 64 天，到达 1 月 5 日，接近 1 月 8 日顶部。

（2）9 的平方 81 天，到达 1 月 27 日，接近 1 月 26 日的底部。

（3）10 的平方 100 天，到达 2 月 23 日，刚好为一个市场底部。

（4）12 的平方 144 天，到达 4 月 26 日，刚好为一个市场的重要底部。

（5）13 的平方 169 天，到达 5 月 31 日，接近 6 月 2 日底部。

日元的倒序平方结构

数字的平方序列在金融市场中经常发挥作用，其序列亦可分为两方面：其一是顺序的序列；其二是倒序的序列。对于平方的倒序序列应用，可参考美元兑日元 1994 年 8 月至 9 月的小时图走势。笔者发现，在这段时间之内，美元兑日元的短期波动顶部或底部，都与数字的平方互相关连，相当有趣（图 7.5）：

（1）由 8 月 24 日底部起计，至 9 月 29 日顶部共 625 个小时，即 25 的平方。

（2）由 9 月 6 日底部起计，至 9 月 29 日顶部共 400 个小时，即 20 的平方。

（3）由 9 月 14 日底部起计，至 9 月 29 日顶部共 256 个小时，即 16 的平方。

（4）由 9 月 21 日底部起计，至 9 月 29 日顶部共 144 个小时，即 12 的平方。

（5）由 9 月 26 日底部起计，至 9 月 29 日顶部共 81 个小时，即 9 的平方。

（6）由 8 月 31 日顶部起计，至 9 月 29 日顶部共 484 个小时，即 22 的平方。

（7）由 9 月 9 日顶部起计，至 9 月 29 日顶部共 324 个小时，即 18 的平方。

（8）由9月16日顶部起计，至9月29日顶部共225个小时，即15的平方。

（9）由9月22日顶部起计，至9月29日顶部共100个小时，即10的平方。

（10）由9月27日顶部起计，至9月29日顶部共49个小时，即7的平方。

由上述例子可见，金融市场受平方数影响，效果宏大。

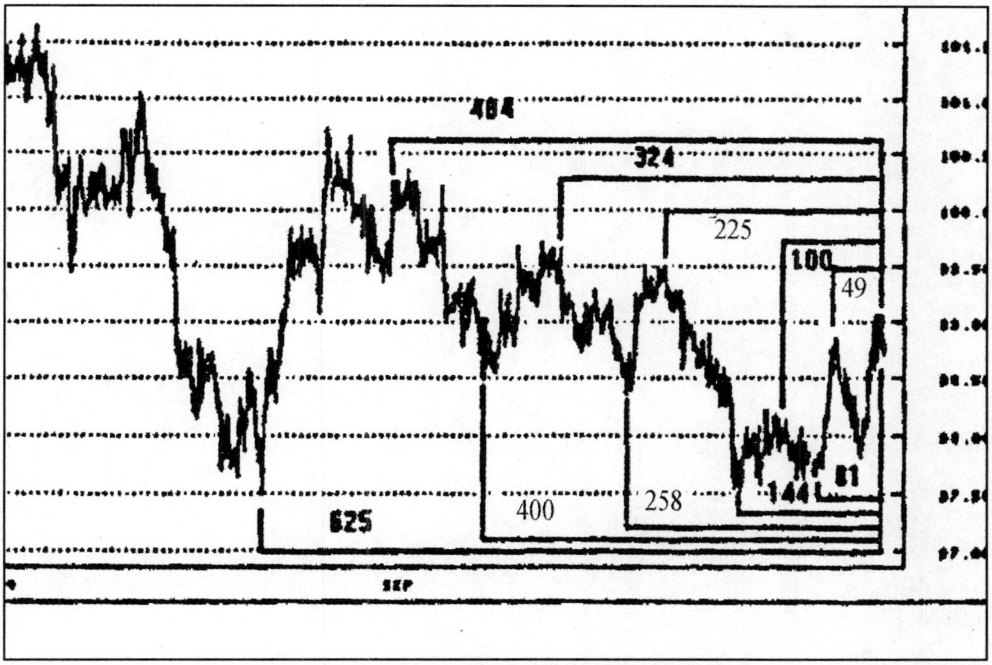

图7.5　美元兑日元小时图与倒序平方结构

小　结

笔者先后介绍过利用数字平方及立方的序列分析市场时间的结构，其准确程度往往出人意料。事实上，除了数字的平方及立方数对市场的时间结构有所影响外，数字的平方根对于市场走势的影响，亦相当深远。

在平方根的序列上，可分两类应用。第一，在数字 20 或之下的平方根数，可用作市场时间的比率分析。第二，在数字 21 或之上的平方根数，可用作市场日子的数算应用。

第八章

江恩市场几何学的综合应用

对于外汇的走势，短线波动往往令人摸不着头脑，但从长线角度来看，其走势则一目了然，其中充满几何结构的完美。

日元几何结构

美元兑日元自 1995 年 4 月低见 79.75 日元后，出现大幅的反弹，意味着日元的长期跌浪结束。

从江恩的几何角度线来说这是十分明显的。笔者的推敲过程主要从月线图上的三个角度开始，这三个角度是：

（1）美元兑日元自 1973 年自由浮动以来的最高价是 1975 年 12 月的 306.84 日元（图 8.1），由此历史性高峰延伸而下的一条每月下跌 1 日元的江恩 1×1 线，至 1995 年 4 月的水平为 75.00 日元，与 79.75 日元的历史性低位相差只有 4.75 日元。

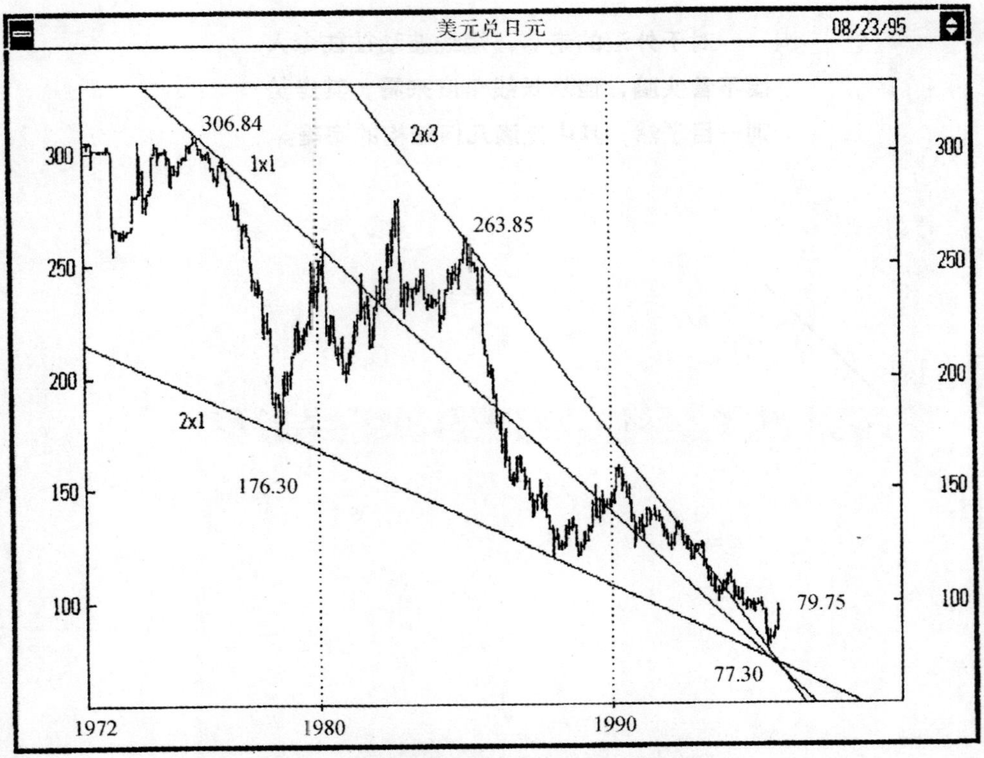

图 8.1　美元兑日元月线图与几何结构（1）

值得注意的是，由306.84高峰至1995年4月79.75日元低位，运行232个月，与神奇数字233只相差1个月。

（2）美元兑日元在20世纪70年代的最低位为1978年10月的176.30日元，由此低位起计，每月下跌0.50日元的2×1江恩线，在1995年4月到达77.30日元，与1995年4月79.75日元低位只相差2.45日元。

（3）由1985年2月高位263.85日元起计，每2个月下跌3.00日元的2×3江恩线，在1995年4月到达80.85日元，与79.75日元仅相差1.10日元。

由上面三条重要的长期江恩线汇合来看，1995年4月的79.75日元低位已成为一个历史性的底部。

美元兑日元的长期走势充满令人惊叹的几何结构，若非透过市场几何学的理论将无法将之揭示出来。以下笔者从价位的比率分析中，探讨美元兑日元的走势之谜（图8.2）。

美元兑日元自1973年自由浮动以来，最高曾上升至1975年12月的306.84。见此高点之后，展开一次大幅下跌浪，最低于1978年10月见176.30，跌幅130.54日元。其实，美元兑日元自此之后的走势，便与此价位幅度相关连：

（1）若由历史高位306.84开始计算130.54跌幅的1.414倍（$\sqrt{2}$），目标为122.26日元，非常接近1988年1月的重要低位120.30日元，前后相差只有1.96日元。

（2）若由历史高位306.84开始，计算130.54跌幅的1.732倍（$\sqrt{3}$），目标为80.75日元，与1995年4月低位79.75相差只1.00日元。之后美元兑日元亦见大幅反弹。

此外，若我们以1978年10月176.30至1982年11月278.70的反弹幅度计，由176.30下跌同样幅度的目标为73.90日元，与低位79.75相差5.85日元。

若以1988年1月120.30上升至160.35的幅度计，由120.30下跌同等幅度的目标为80.25日元，与低位79.75只相差0.50日元。

由此可见，1 倍幅度的力量相当大。

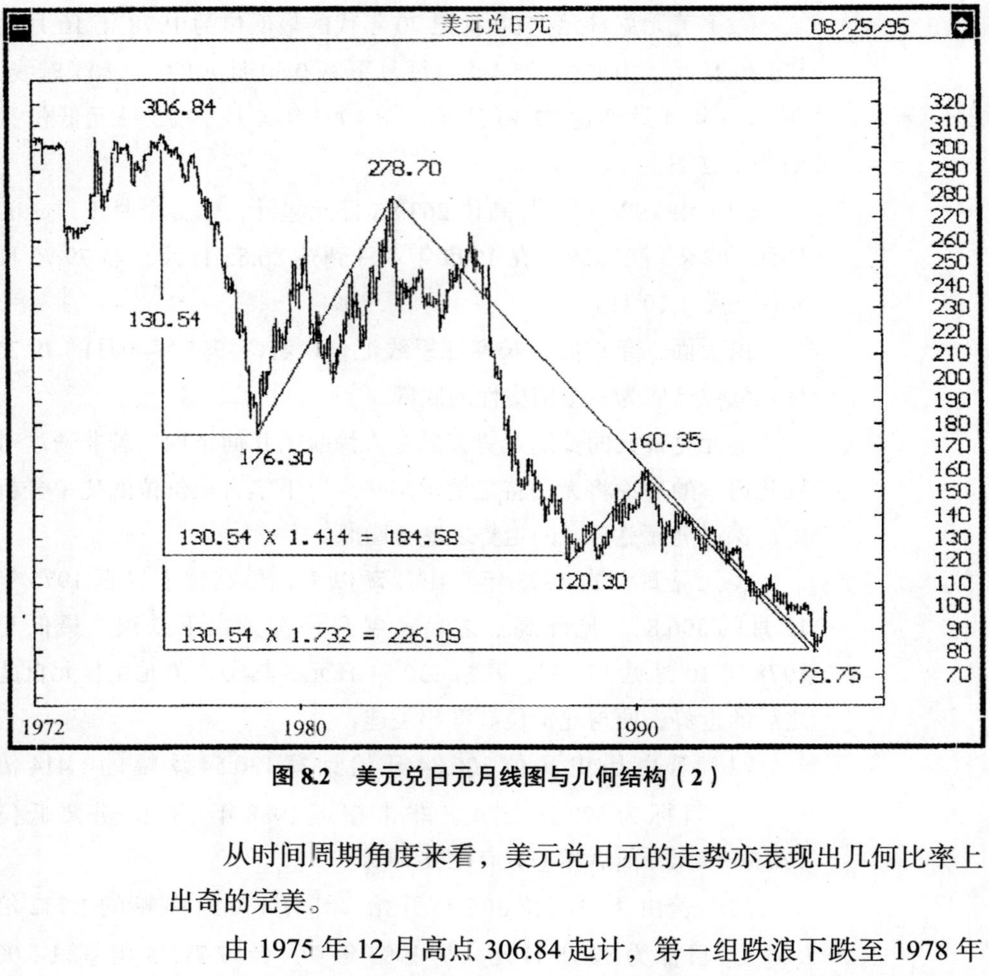

图 8.2　美元兑日元月线图与几何结构（2）

从时间周期角度来看，美元兑日元的走势亦表现出几何比率上出奇的完美。

由 1975 年 12 月高点 306.84 起计，第一组跌浪下跌至 1978 年 10 月的低位 176.30，共运行 34 个月，是一个神奇数字。而美元兑日元下一个重要低点则为 1988 年 1 月 120.30，与 306.84 的历史高点相距 145 个月，与神奇数字 144 只相差 1 个月。更为有趣的是，美元兑日元于 1995 年 4 月低位 79.75 与 306.84 高位相距为 232 个月，亦即神奇数字 233 之前的 1 个月（图 8.3）。

从比率计，由 1975 年 12 月高位 306.84 至 1988 年 1 月 120.30 共运行 145 个月，其时间的 1.618 倍为 234.6 个月，亦即 1995 年 6

月。若以 1978 年 10 月 176.30 低位至 1988 年 1 月 120.30 低位，共运行 111 个月。此外若由 120.30 起计，上述时间幅度的 0.786 倍（$\sqrt{0.618}$）为 87.25 个月，刚好到达 1995 年 4 月 79.75 日元低位的时间。当上述时间周期汇聚在 1995 年 4—6 月时，美元兑日元亦产生一次转势的力量。

值得注意的是，市场的周期对称作用亦在日元走势上发生作用。美元兑日元由 1982 年 11 月高点 278.70 大幅下跌至 1988 年 1 月低位 120.30，共运行 62 个月。而由 1990 年 4 月高点 160.35 日元起计，下跌 62 个月为 1995 年 5 月，为美元兑日元见底之后 1 个月。

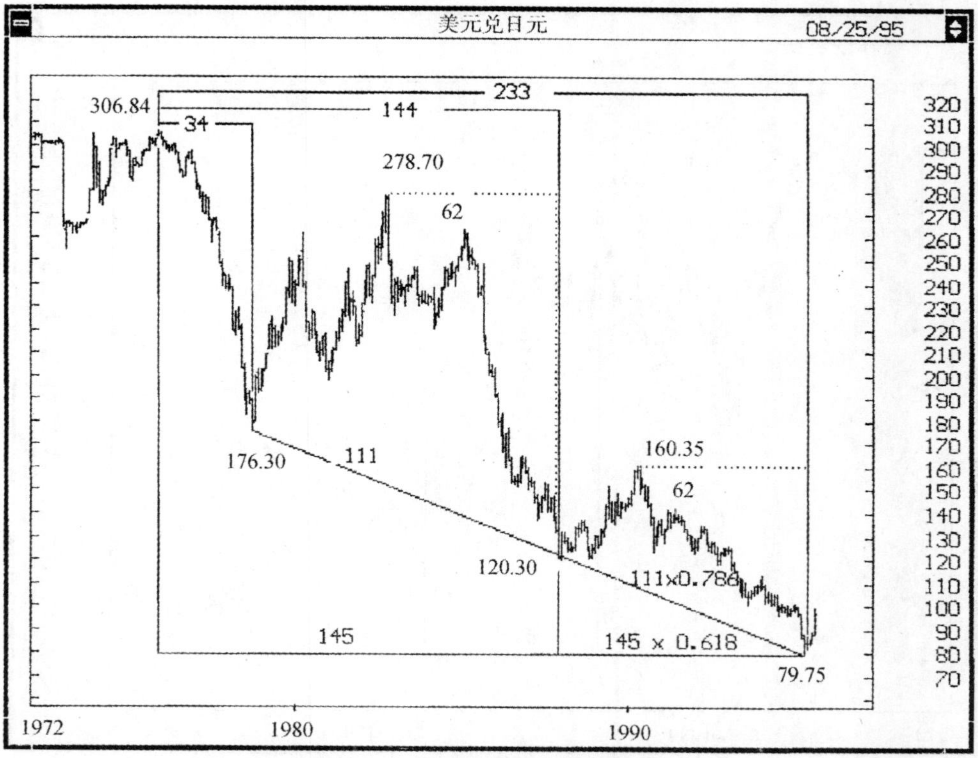

图 8.3　美元兑日元月线图与几何结构（3）

在美元兑日元的长线走势结构中，事实上隐含着多种几何比率，包括平方根比率以及黄金比率的衍生比率，以下一一列出，以供在平方根比率方面引证：

（1）美元兑日元由1982年11月高位278.70下跌至1988年1月120.30低位，共运行62个月，由120.30计算62的1.414倍（$\sqrt{2}$）为87.7个月，时间刚好为1995年5月，与79.75低位相差只有1个月（图8.4）。

（2）美元兑日元由1988年1月120.30上升至1990年4月160.35高位，共运行27个月，若由160.35起计，运行27个月的2.236倍为60个月，刚好为1995年4月低位79.75的时间。

在黄金比率的衍生比率方面，亦有多个重要的发现（图8.5）：

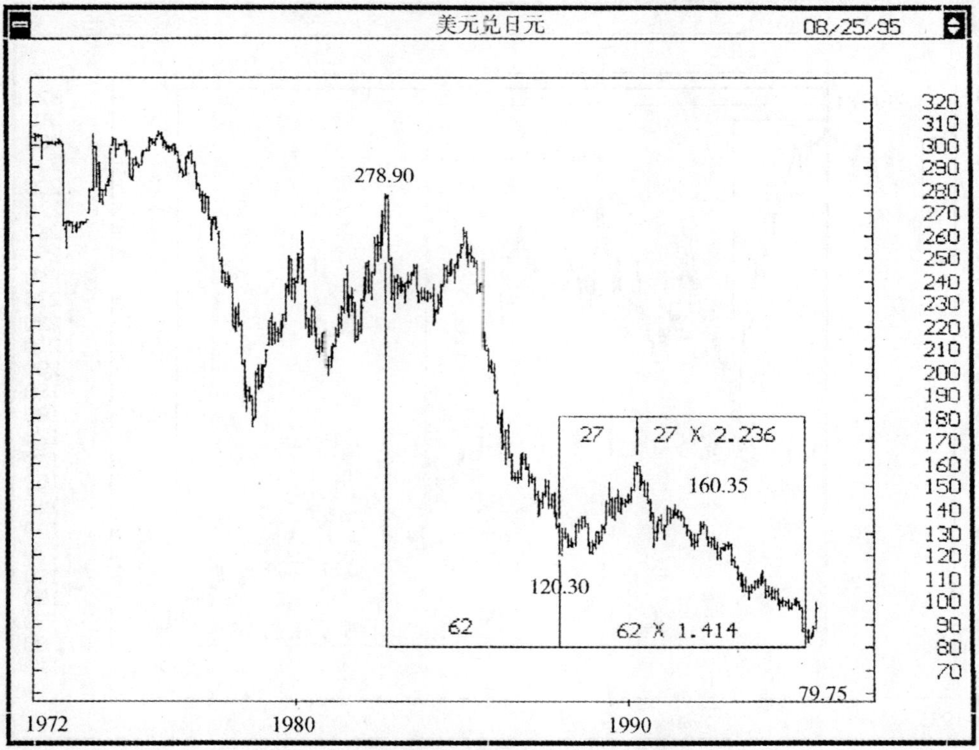

图8.4 美元兑日元月线图与几何结构（4）

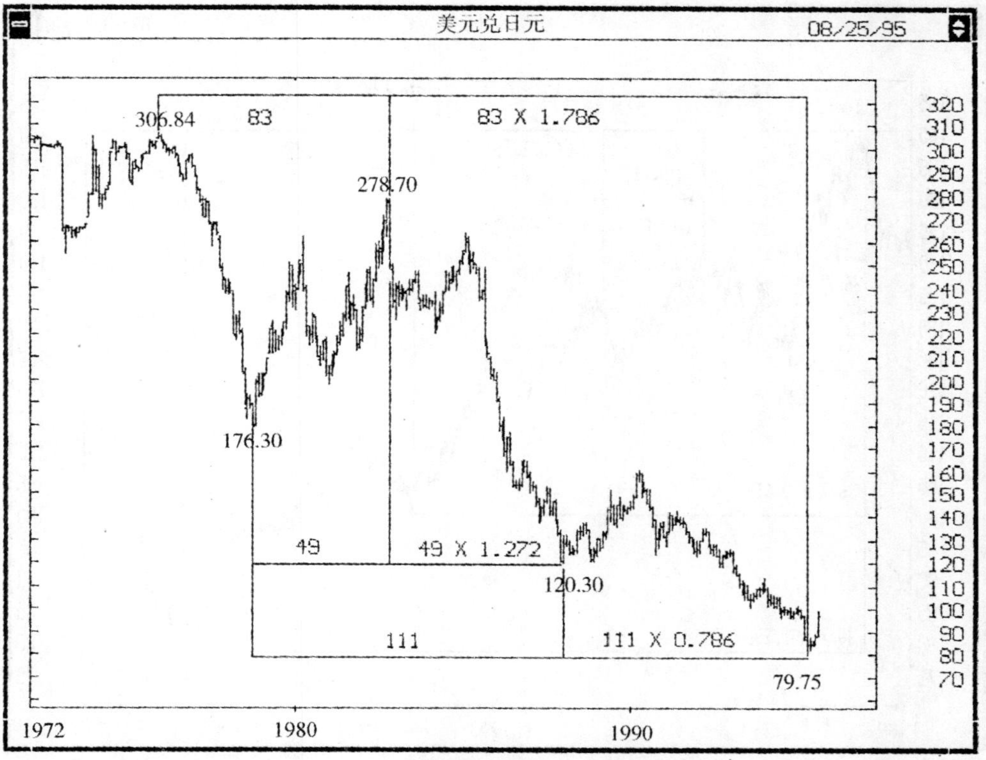

图 8.5　美元兑日元月线图与几何结构（5）

（1）由 1975 年 12 月 306.84 高点到达 1982 年 11 月另一高点 278.70，共运行 83 个月，由 278.70 起计，83 个月的 1.786 倍为 148 个月，时间为 1995 年 3 月，是 79.75 见底前 1 个月。

（2）由 1978 年 9 月主要低点 176.30 到 1982 年 11 月高点 278.70，共运行 49 个月，49 个月的 1.272 倍（$\sqrt{1.618}$）为 62 个月，时间刚好到达 1988 年 1 月低位 120.30。

（3）以 1979 年 9 月低位 176.30 至 1988 年 1 月低位 120.30 的时间幅度 111 个月计，其 0.786 倍（$\sqrt{0.618}$）为 87 个月，时间目标为 1995 年 4 月，刚好为 79.75 日元低位之所在。

美元兑日元的走势充满几何比率的结构，以下再从日线图的 5 年走势分析其比率关系。

从价位的关系分析，有两个主要的比率存在（图 8.6）：

图 8.6 美元兑日元日线图与几何结构（6）

美元兑日元由 1990 年 4 月 2 日 160.35 大幅下跌，最低见 1990 年 10 月 18 日的 123.65 日元，下跌 36.70 日元。若由 123.65 日元开始起计，上述幅度的 0.618 倍下跌目标为 100.97 日元，与 1993 年 8 月 17 日的低点 100.40 相差只有 0.57 日元，之后美元兑日元展开一次超过 1000 点的反弹。

除此之外，若以上述 160.35 ~ 123.65 的下跌幅度 36.70 日元起计，由 123.65 日元开始下跌上述跌幅的 1.236 倍，目标为 78.29 日元，与 1995 年 4 月 19 日低位 79.75 相差只有 1.46 日元，之后美元反弹超过 20.00 日元。

从时间的角度来看，美元兑日元由 1990 年 4 月 2 日 160.35 至 1991 年 6 月 12 日高点 142.15 共运行 313 个交易日，若由 142.15 顶部起计，以下三个比率所计算的时间将十分接近市场的几个重要的转折点：① 0.618 倍——1992 年 3 月高点 135.00 日元；② 1.786 倍——1993 年 8 月低位 100.40 日元；③ 3.236 倍——1995 年 4 月低位 79.75 日元。

马克几何结构

从长期的走势来看，美元兑马克的时间价位结构相当特别，其时间与价位之有效比例往往并不跟随 1 ∶ 1 的常用规则，在月线图中，若我们制作每月上升或下跌 100 点的江恩扇形线，效果并不显著，其中的原因是美元兑马克的走势之中，并非以 1 ∶ 1 的平衡关系为结构，而是存在着黄金比率的动态关系。

基于以上原因，笔者在美元兑马克的月线图上，按每月下跌 618 点为江恩 1 × 1 线，从而由 1985 年 2 月 26 日历史性顶部 3.4665 马克开始，延伸而下江恩的扇形线。

由图 8.7 可见，美元自 1985 年 2 月开始大幅下跌，至 1987 年一直受压于 1 × 1 线。之后，美元反弹，上破 1 × 1 线及 2 × 1 线，而 2 × 1 线成为 1989—1991 年美元下跌的趋势支持。

1991 年美元反弹至 3 × 1 线，再引发一次长达 1 年的下降趋势。1992 年 11 月美元上破 3 × 1 线，于 1994 年 2 月到达 4 × 1 线的阻力，又再引发另一次下跌的趋势，长达 13 个月。

事实上，若我们将上述时间及价位之间的比例按延伸比率 1.618 倍计算，其 1 × 1 的角度将带给我们一些极为重要的启示。传统上，月线图中的 1 × 1 线应以每月上升或下跌 100 点为比例，如果我们根据 1.618 倍延伸上述比例，则所选用的比例为每月上升或下跌 161.8 点，即 0.01618 马克。

由 1985 年 2 月 26 日历史性高峰 3.4665 马克起计，每月下跌 161.8 点的 1 × 1 线，刚好成为美元兑马克由 1994 年 2 月开始的下降趋势的阻力，历时 13 个月而不衰（图 8.8）。

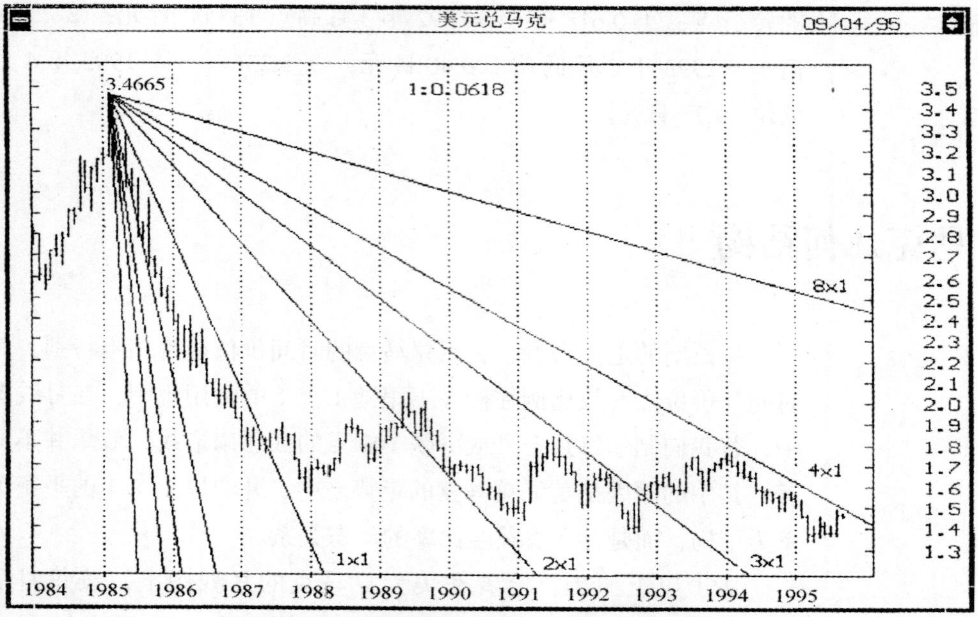

图 8.7 美元兑马克月线图与几何结构（1）

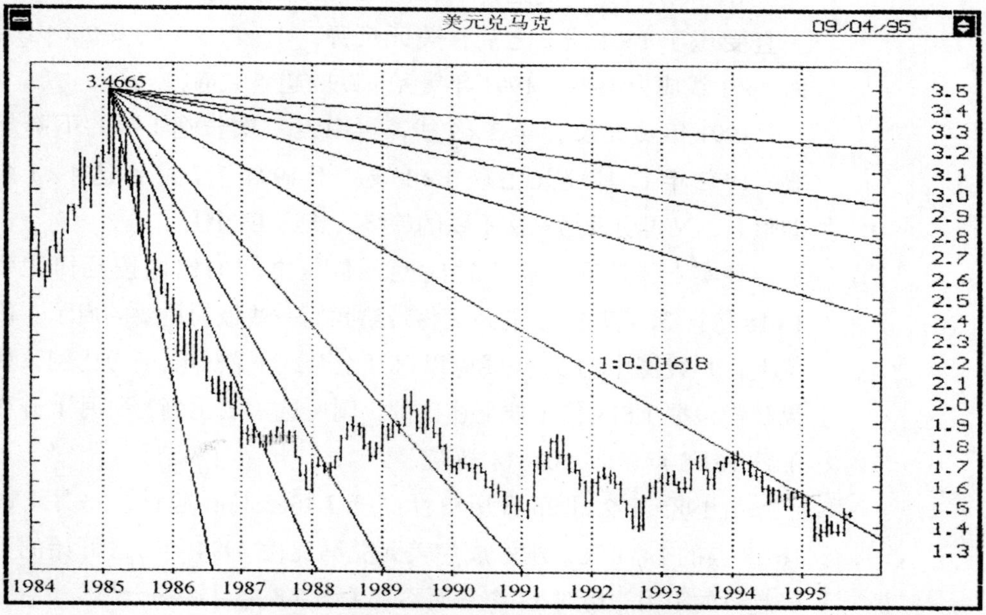

图 8.8 美元兑马克月线图与几何结构（2）

有趣的是，上述阻力线与前述每月下跌 618 点的江恩扇形线之中的 4×1 线阻力非常接近（图 8.7）。

在市场几何学中，所讲究的是市场比率的作用，在美元兑马克由 1985—1995 年 10 年的走势之中，得到重要的体现。以下回顾一下美元兑马克的时间周期与市场比率之间的关系。

美元兑马克由 1985 年 2 月 26 日 3.4665 马克开始大幅下跌，整组下跌波浪运行至 1988 年 1 月 4 日 1.5620 马克见底，期间共运行 149 个星期（图 8.9）。

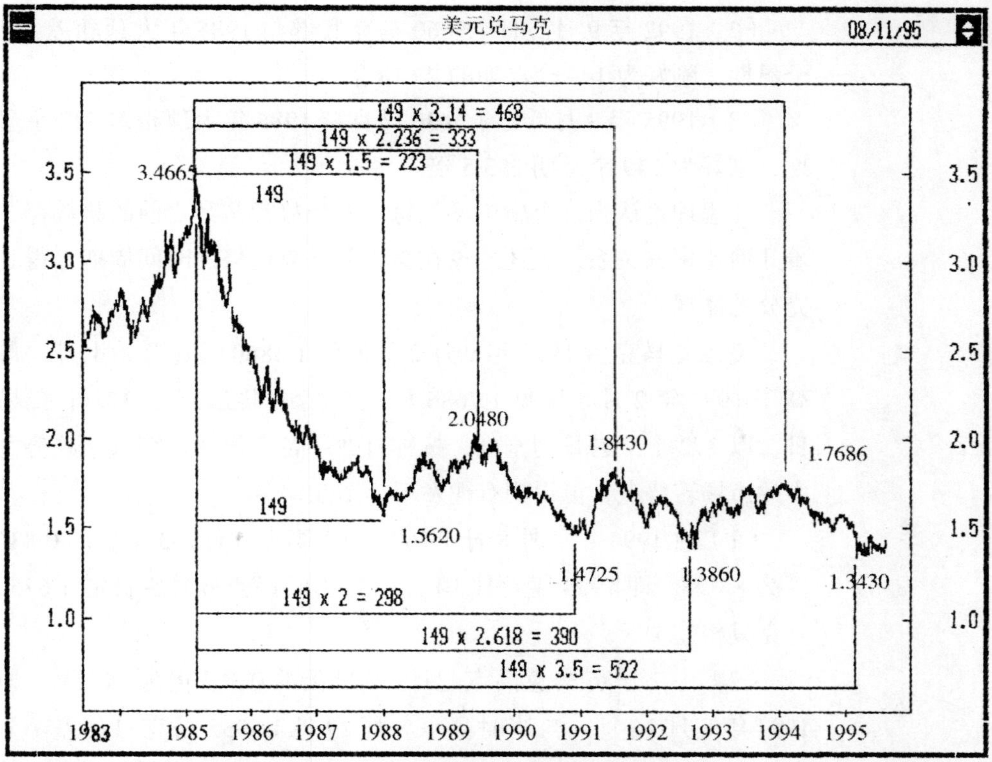

图 8.9　美元兑马克月线图与几何结构（3）

由 1988 年 1 月 4 日低位开始，美元大幅反弹，至 1989 年 6 月 15 日高见 2.0480 马克，期间共运行 74 个星期，等于之前美元 149 个星期跌浪的 50%。

美元兑马克的另一个顶部在1991年7月5日1.8430形成，与1985年2月3.4665马克大顶相距333个星期，刚好为149个星期的2.236（即$\sqrt{5}$）倍。

美元兑马克的第三个主要顶部在1994年2月8日的1.7686马克形成，与1985年2月高点相差468个星期，刚好为149个星期的3.14倍。3.14是圆周率（π）的比率。

至于美元的重要底部方面：

（1）1990年12月的底部1.4725与1985年高点相差298个星期，是149个星期的2倍。

（2）1992年9月2日1.3860马克底部与1985年大顶相差390个星期，刚好为149个星期的2.618倍。

（3）1995年3月低位1.3430马克与1985年大顶相差522个星期，刚好为149个星期的3.5倍。

江恩理论认为，金融市场上每一个趋势都与其之前的趋势存在着几何比率的关系，上述理论在美元兑马克走势的时间周期上得到充分的体现。

美元兑马克由1992年9月2日低位1.3860马克开始上升，最高于1994年2月8日见1.7686马克，其中共运行了372个交易日。以372个交易日为基础，按神奇数字各个比率计算未来趋势之中的市场转势点，可得到有趣发现（图8.10）：

（1）由1994年2月8日1.7686马克高点起计，372天的0.236倍为88天，即1994年6月10日，与当时高点6月9日的1.6750马克只相差1天。

（2）由1.7686马克高点起计，372天的0.382倍为142天，即1994年8月26日，与当时高点8月29日1.5935马克只相差1个交易日。

（3）由1.7686马克起计，372天的0.5倍为186天，即1994年10月26日，与当时低位10月25日1.4855马克只相差1天。

（4）由1.7686马克起计，372天的0.618倍为230天，即1994年12月28日，与当时高点12月22日1.5833相差4个交易日。

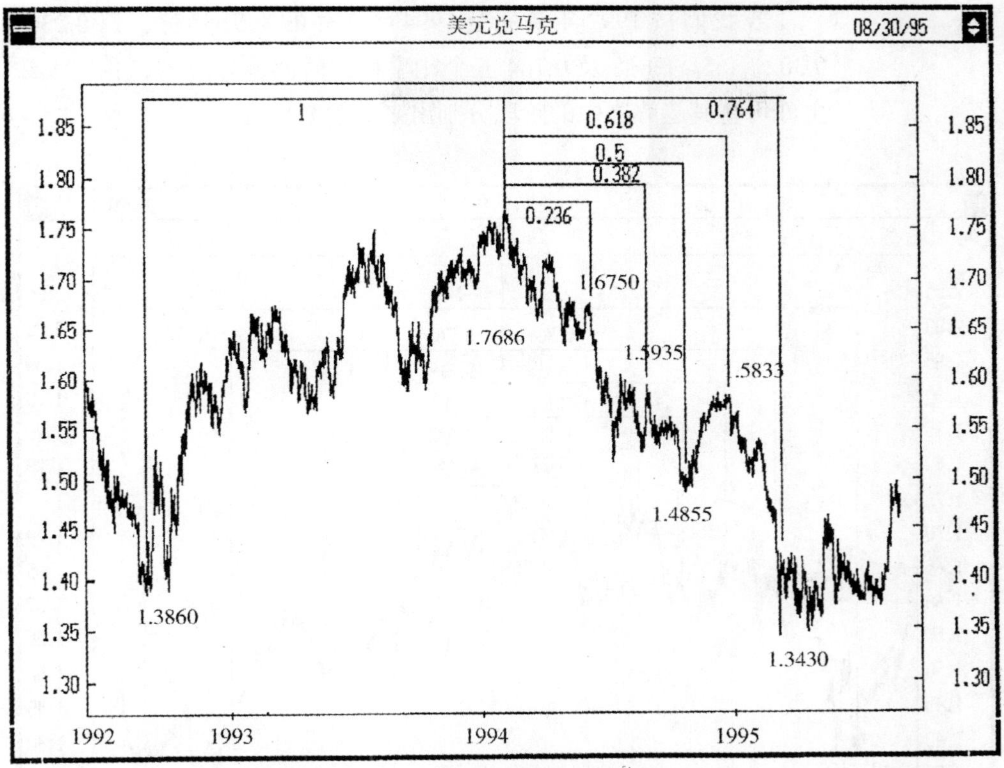

图 8.10　美元兑马克月线图与几何结构（4）

（5）由 1.7686 马克起计，372 天的 0.764 倍为 284 天，即 1995 年 3 月 13 日，与当时低位 3 月 8 日 1.3430 相差 3 个交易日。

上面笔者利用 1992 年 9 月 2 日低位 1.3860 马克至 1994 年 2 月 8 日高点 1.7686 马克整个趋势共 372 个交易日的时间循环为基础，以神奇数字的比率计算 1994 年 2 月开始的市场转折点时间，发现美元兑马克的走势中，神奇数字的比率对其时间周期扮演着重要的角色。事实上，上述只论述了其结构的一半。

严格来说，1994 年 2 月 8 日 1.7686 马克至 1995 年 7 月的下跌趋势只属一个镜面倒映结构的一半，而另一半则存在于 1992 年 9 月至 1994 年 2 月的上升趋势当中。

若我们按1992年9月至1994年2月的上升趋势，以0.236、0.382、0.5、0.618及0.764五个比率将其时间循环分割，我们大致上亦可将其趋势之中的阶段分割出来（图8.11）。

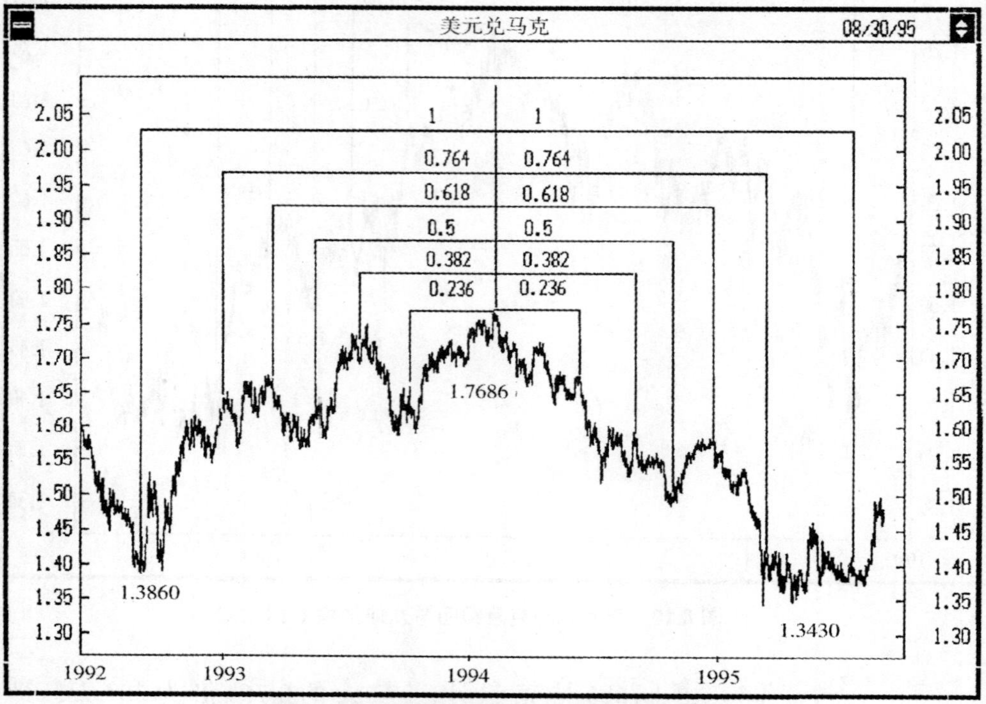

图8.11 美元兑马克月线图与镜面几何结构（5）

0.764——1993年1月4日，与当时1月8日高点相差4个交易日。

0.618——1993年3月18日，与3月11日高点相差5个交易日。

0.5——1993年5月19日，处于双底中间。

0.382——1993年7月22日，处于双顶中间。

0.236——1993年10月4日，处于双底中间。

在美元兑马克日线图的走势中（图8.12），美元由1994年2月8日高点1.7686马克开始下跌，下跌达13个月之久。起初，美元兑马克的跌势一直沿着 1×1 线下滑，这条 1×1 线是以每个交易日下跌 0.0010 马克为比例，1994 年 4 月 12 日美元反弹至 1.7230 马克，以及 6 月 9 日美元反弹至 1.6755 马克，两者皆受到 1×1 线的阻力而大幅下挫。

1994 年 10 月 25 日美元兑马克低见 1.4855 马克，创出 8 个月的新低，之后美元大幅反弹，并于 11 月末突破 1×1 线在 1.56 马克的阻力，最高升至 12 月 22 日的 1.5835 马克高峰。

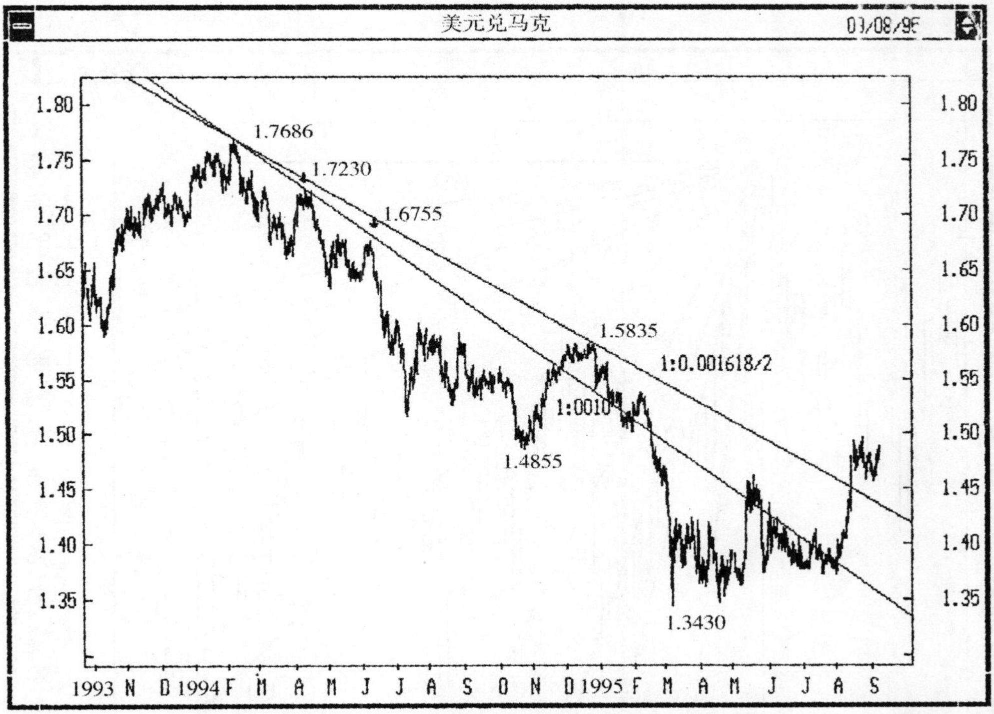

图 8.12　美元兑马克日线图与几何结构

不过，事后证明，这次突破 1×1 线只属一次假突破，之后美元再度下跌，最后跌破 1.4855 马克的底部，于 1995 年 3 月 8 日低见 1.3430 马克。

一般技术分析者理解上述市况，多以“假突破”解释了事，并未认真理解市况背后的真相。事实上，美元兑马克的趋势，并不能以时间价位的 1 ：1 关系简单解释，其中亦包含了黄金比率的动态关系。

笔者按每交易日下跌 10 点的比例增加 1.618 倍以作为 1×1 线，其 2×1 线刚好成为 1.5835 马克的阻力，之后美元见顶回落。

对于外汇的走势，短线波动往往令人摸不着头脑，但从长线角度来看，其走势则一目了然，其中充满几何结构的完美。

在美元兑马克的月线图中，其走势在 1995 年完成一个长达 5 年多的时间价位四方形，对于江恩理论者而言，是一个极为重要的启示（图 8.13）。

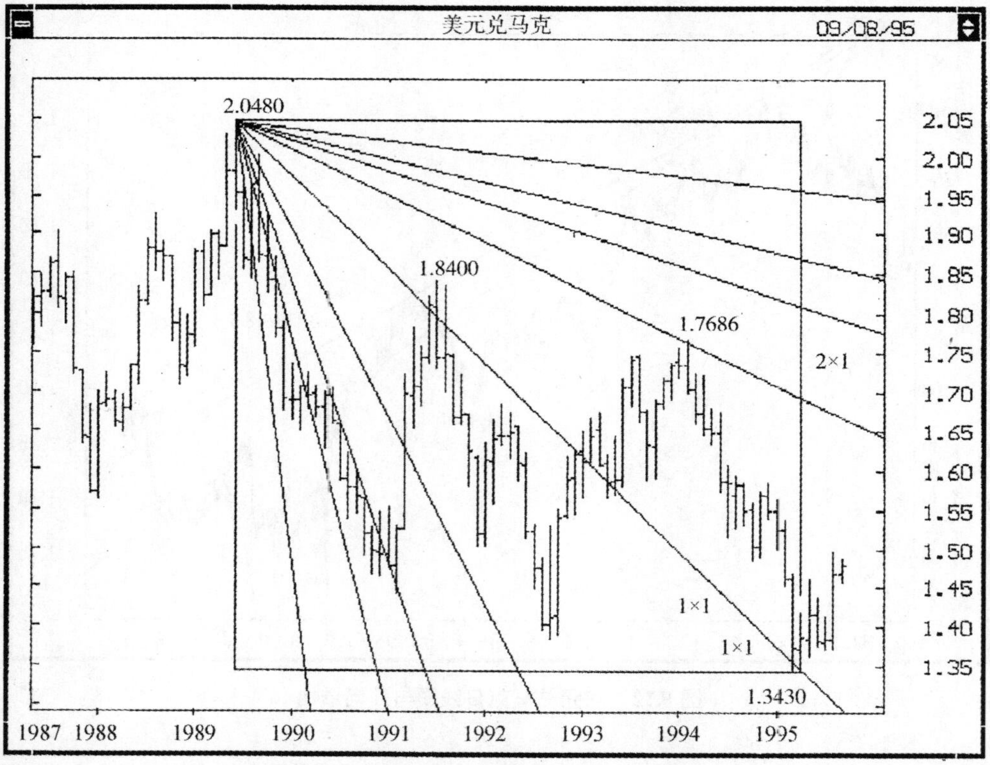

图 8.13　美元兑马克月线图与时间价位四方形

美元兑马克由 1989 年 6 月高点 2.0480 马克开始一浪低于一浪的下跌，直至 1995 年 4 月，共运行 70 个月。凑巧得很，由 1989 年 6 月高点 2.0480 马克下跌 7000 点的话，其水平为 1.3480 马克，与 3 月低点 1.3430 马克只相差 50 点，形成了一个 70 × 70 的时间价位正方形。时间平衡价位，引发了一次美元的大反弹。

在这个时间价位正方形内，值得注意的是：

（1）1991 年 7 月美元大幅反弹至 1.8400 马克水平，其月线图收市价刚好受制于下降 1 × 1 线，之后大幅下挫。

（2）1994 年 2 月美元大幅上升至 1.7686 马克，刚到达由 2.0480 马克延伸而下的 2 × 1 线阻力，之后美元大幅下跌，由 2 × 1 线下跌至 1 × 1 线的支撑之上。

由上面可见，这个江恩时间价位正方形的影响力相当强大。

超级汇合点

在《江恩理论——金融走势分析》中，笔者指出：“江恩认为，市场的顶部或底部均以角度互相关连，其中江恩线汇合的威力相当厉害，经常引发市场大趋势的逆转。”

上述理论的意思是，江恩线汇合的时间及价位，经常是市场的时间及价位的转折点。从美元兑马克在 1995 年的走势来看，笔者发现一个“超级”的江恩线汇合点。这个汇合点由 6 条下降江恩线组成（图 8.14），分别是：

（1）1994 年 2 月 8 日高点 1.7686 马克延伸而下的 2 × 3 线；

（2）1993 年 8 月 2 日高点 1.7485 马克延伸而下的 1 × 1 线；

（3）1993 年 3 月 11 日高点 1.6735 马克延伸而下的 3 × 2 线；

（4）1992 年 11 月 20 日高点 1.6130 马克延伸而下的 2 × 1 线；

（5）1992 年 9 月 17 日高点 1.5305 马克延伸而下的 3 × 1 线；

（6）1992 年 9 月 2 日 1.3860 马克延伸而下的 8 × 1 线。

上述交会点的时间为 1995 年 4 月 28 日。

事实上，美元兑马克在 1995 年出现双底形式的大转势时，第一个底部为 3 月 8 日的 1.3430，第二个底部为 4 月 19 日的 1.3470，之后，美元上升至 1997 年的 1.8900 马克高位（图 8.15）。

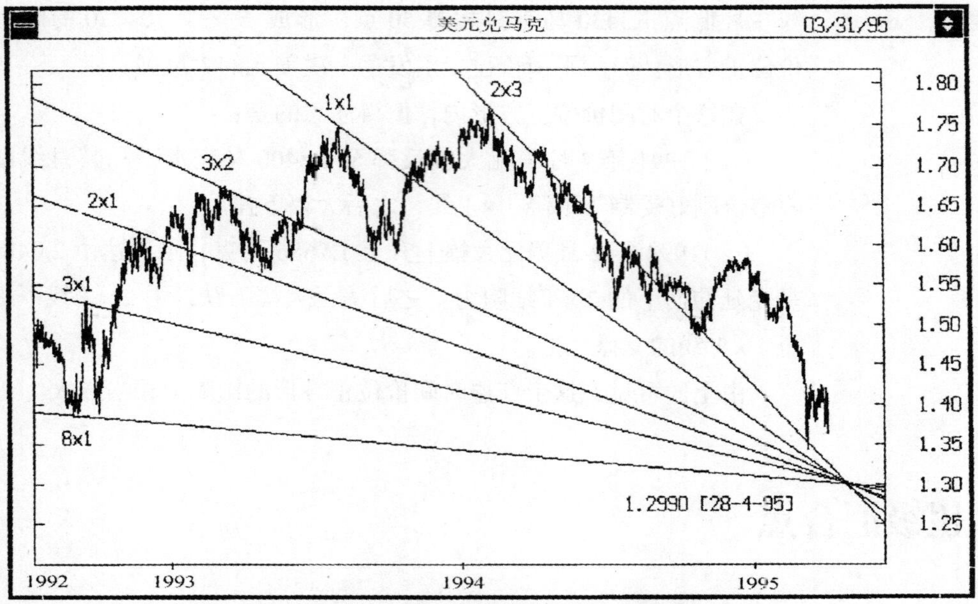

图 8.14　美元兑马克月线图与江恩角度线

图 8.15　美元兑马克周线图

第九章

江恩理论与中国古代历法

在研究江恩理论时，大家或许会发觉江恩的理论有强烈的中国特色，其中有关时间周期部分，与中国农业社会的民间历法更有异曲同工之妙。

在研究江恩理论时，大家或许会发觉江恩的理论有强烈的中国特色，其中有关时间周期的部分，与中国农业社会的民间历法更有异曲同工之妙。除了笔者在《江恩理论——金融走势分析》一书中所介绍的江恩一年时间循环与中国二十四节气的关系外，以下笔者尝试将中国民间的“九九历法”与江恩的平方理论互相比较。

江恩理论有九九八十一四方形用于市场价位及时间周期的推算，中国亦有九九八十一的农业周期，两者实在相互辉映。

九九历法

中国古代是一个农业社会，大自然气候的变化影响农作物的收成，直接影响农民的财富。对于现代人来说，若大自然的变化影响市场集体的投资情绪，则间接影响投资者的财富，大自然变化的重要性古今如一。

中国流传一种以九天计算自然变化的方法，称为“九九”。这个“九九历法”以夏至癸日（即第十日）或冬至翌日起计，以九天为一个段落，九九八十一天之后，大自然气候便出现一个逆转。

以夏至癸日开始的 81 天，称为“夏九九”。以冬至翌日开始计算的 81 天，称为“冬九九”。

中国有一首“九九歌”，专门描述冬至之后气候变化对人类社会的影响，现抄录如下：

“一九二九，相唤不出手。

“三九二十七，篦头吹觱篥（篦：音避，齿很密的梳；觱篥：音必栗，古代一种管乐器）。

“四九三十六，夜眠如露宿。

“五九四十五，家家堆盐虎（盐虎：北方地下植物）。

“六九五十四，口中呬暖气（呬：音气，嘘气）。

“七九六十三，行人把衣单。

“八九七十二，猫狗寻阴地。

“九九八十一，穷汉受罪毕，

“才要伸脚睡，蚊虫蛴蚤出（蛴：即金龟）。”

笔者发觉，利用这个九九历法分析市场的短线周期，可以十分准确地捕捉市场升跌的规律，颇为有趣（图 9.1）。

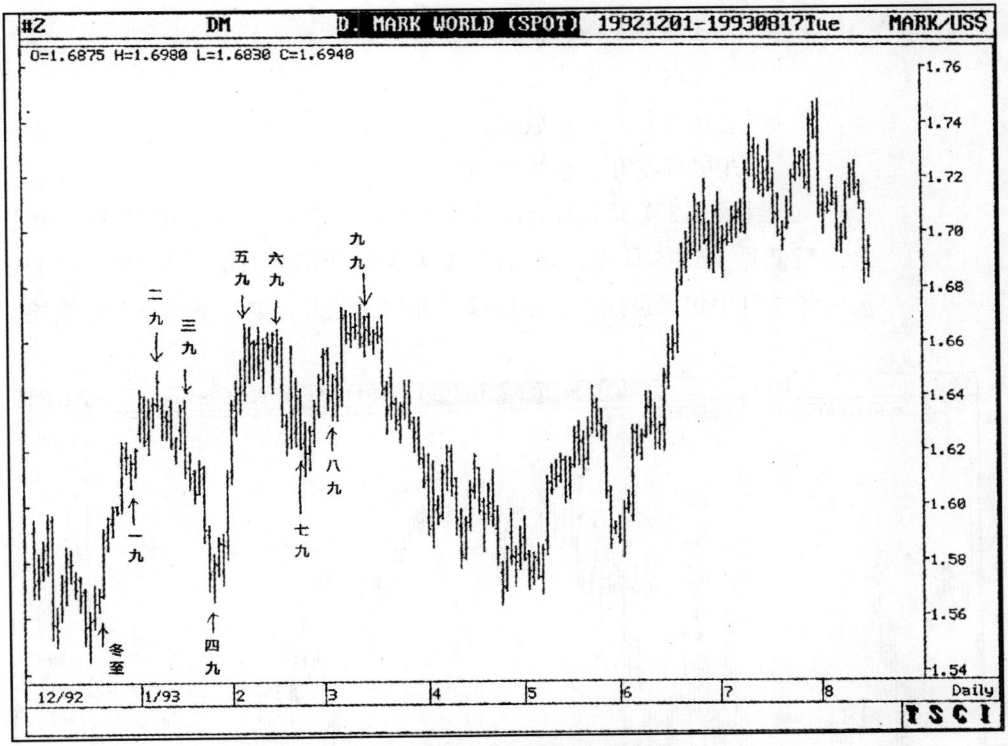

图 9.1　美元兑马克日线图与九九历法（1）

九九美元转势

中国民间的“九九歌”以九个阶段描述大自然季节与气候的变

化，其准确程度，令人惊讶不已。笔者将九九八十一天的气候变化，比较外汇市场的短线升跌规律，其关系之密切亦令人赞叹。

其中一个例子是1991年12月22日冬至翌日开始的九九八十一天，十分准确地描述了美元由反弹至转势的过程。

中国有另一首“九九歌”，以18天为气候转变的阶段，十分有趣，现抄录如下：

“头九二九，家里拱手，

“三九四九，沿河插柳，

“五九六九，牵牛走走，

“七九八九，田头放火，

“九尽百花开，老牛下田来。”

由图9.2美元兑马克的日线图可见，美元于1991年12月冬至之后低见1.5025马克，之后以18天为短期市势升跌的循环，至1992年3月中旬见顶回落，正应验“九尽百花开，老牛下田来”的描述。

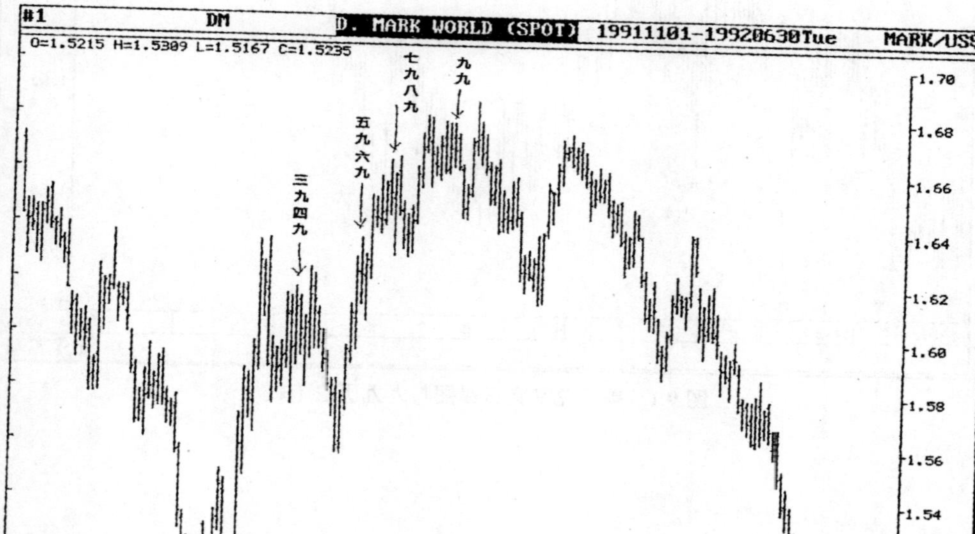

图9.2 美元兑马克日线图与九九历法（2）

中国民间以“冬九九”描述由冬至到春回大地各个气候的阶段，在九九八十一天之中，美元的走势亦大致跟随其规律运行。

除了“冬九九”之外，中国民间亦流传着一道夏天的九九歌，称为“夏九九”。“夏九九”是描述由夏至（6 月 21 或 22 日）翌日开始，每隔 9 天的气候变化，前后共运行九九八十一天，直至季节转变为止。现抄录如下：

“一九二九，扇子不离手；

“三九二十七，冰水甜如蜜；

“四九三十六，拭汗如出浴；

“五九四十五，头戴秋叶舞；

“六九五十四，乘凉入佛寺；

“七九六十三，床头寻被单；

“八九七十二，思量盖夹被；

“九九八十一，家家打炭墼（炭墼：墼音击，炭墼即用炭末做成的块状物）。”

用夏至开始的九九八十一日气候规律分析外汇市场的短线周期，笔者亦发觉其关系相当密切（图 9.3）。

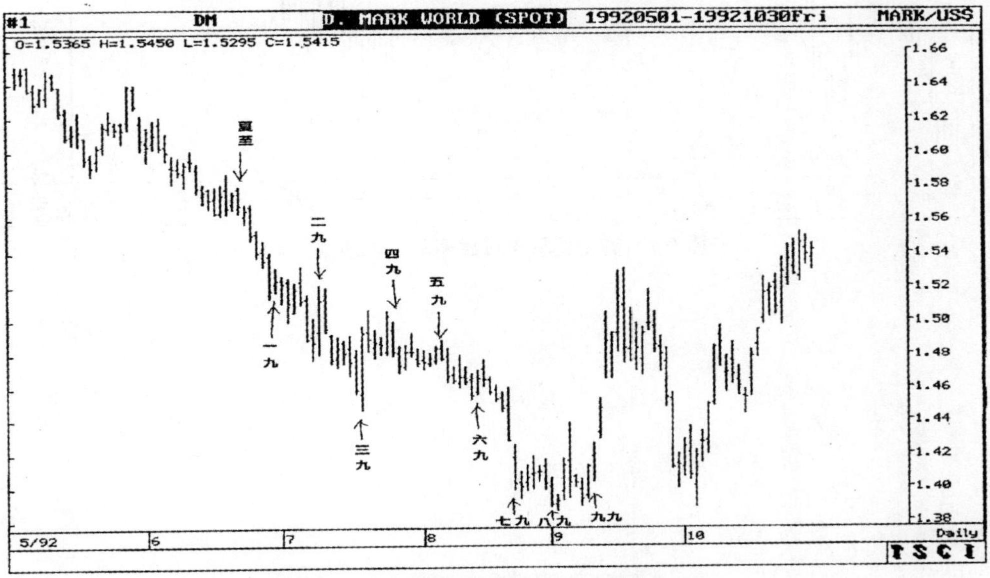

图 9.3　美元兑马克日线图与九九历法（3）

由1992年6月22日夏至开始，美元兑马克辗转下跌，运行九九八十一天为9月10日，而美元兑马克亦于1992年9月初于1.38马克见长期底部，之后转势回升。

由1993年6月22日夏至开始，大自然开始“夏九九”的九九八十一天气候循环，第81天是1993年9月11日，季节由夏入秋，而美元兑马克则在9月15日的1.5870见底反弹，是9月11日之后的第三个交易日。美元兑马克于1.5870见底后于9天内最高反弹至1.6575马克，升幅近700点（图9.4）。

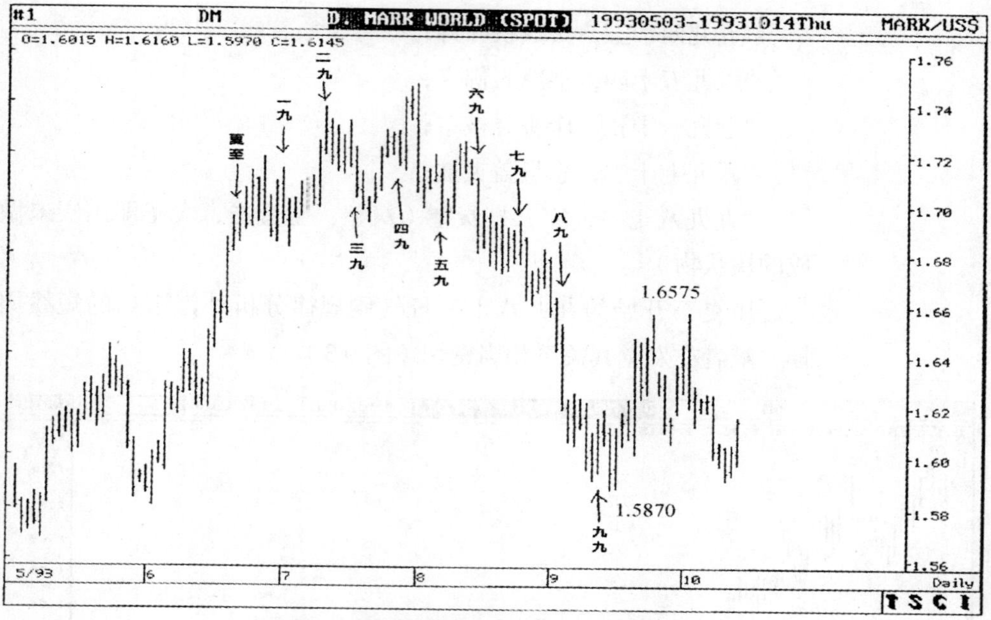

图9.4　美元兑马克日线图与九九历法（4）